dtv *galleria*

Reinhold Schaffrath richtet höfliche, scheinbar ernst gemeinte Briefe an Firmen, Institutionen und Behörden. Es sind allerdings recht kuriose Bitten, Beschwerden, Anfragen oder Aufträge, wie etwa die Bestellung von sechs Kilo Sitzfleisch für eine literarische Abendveranstaltung, die Frage, ob es möglich sei, statt eines Fernsehers eine Fernseherin zu mieten, oder der Antrag auf Sponserung eines privaten Nilpferdgeheges. Mindestens ebenso amüsant wie die Briefe sind die oft knochentrockenen und unfreiwillig komischen Antworten. Ein kurzweiliges Lesevergnügen, bei dem freilich kein Mangel an Sitzfleisch zu befürchten ist.

*Reinhold Schaffrath*, geboren 1946 in Meppen an der Ems, ist promovierter Theaterwissenschaftler, Gesangslehrer, Schauspieler, Regisseur und Autor. Er lebt in der Nähe von Wien. Bei dtv ist erschienen: ‚Ein Ochse ist nicht sehr für Züchtungen geeignet. Lehrer-Stilblüten‘ (20735).

# Ich bitte um Lieferung von sechs Kilo Sitzfleisch

Absurde Geschäftsbriefe

Absender Reinhold Schaffrath

Deutscher Taschenbuch Verlag

Von Reinhold Schaffrath
ist im Deutschen Taschenbuch Verlag erschienen:
Ein Ochse ist nicht sehr für Züchtungen geeignet.
Lehrer-Stilblüten (dtv 20735)

Originalausgabe
April 2005

www.dtv.de

Umschlagkonzept: Balk & Brumshagen
Umschlaggestaltung: Catherine Collin unter Verwendung einer
Illustration von © Klaus Meinhardt/Which Art
Gesamtherstellung: Kösel, Krugzell
Gedruckt auf säurefreiem, chlorfrei gebleichtem Papier
Printed in Germany · ISBN 3-423-20791-4

# Inhalt

# I. „Mit besten Wünschen für Ihr außergewöhnliches Projekt . . .“

## Briefe an öffentliche Einrichtungen und Gesellschaften

16. 8. 1995

An das
Valentin-Museum
Tal 50

D-80331 München

Betr.: Beweisstück eines Bankeinbruchs als Museumsobjekt

Sehr geehrte Damen und Herren !

Obwohl mir als Nichtjuristen das internationale Strafrecht nicht geläufig ist, vermute ich, daß auch in Deutschland Bankeinbruch eine strafbare Handlung darstellt.

Neulich setzte ich mich nach erledigter Gartenarbeit auf unsere Gartenbank, worauf diese einbrach. Ich sehe in meiner Handlung ein grobfahrlässiges Tun, da ich hätte wissen müssen, daß besagte Bank bereits morsch war und somit im Garten allenfalls eine optische Funktion erfüllen konnte. Da weder Personenschaden noch nennenswerter Schaden am Volksvermögen durch mein Delikt eingetreten war, habe ich in diesem Fall von einer Selbstanzeige abgesehen.

Das Corpus delicti, also jene Bank, in die ich eingebrochen bin, lagert derzeit noch in meiner Garage. Da es in München angeblich kein kriminaltechnisches Museum gibt, könnte ich mir vorstellen, daß die Reste meiner Bank (Farbe: moosgrün) eine Bereicherung Ihres Museums darstellten und bitte Sie daher höflich um Prüfung der Möglichkeit, das Objekt in Ihre Sammlung zu integrieren. Gegebenenfalls würde ich mich über die Anbringung einer kleinen Informationskarte freuen, etwa mit dem Wortlaut: „Ergebnis eines Bankeinbruchs, gestiftet von ...".

Ich gehe einmal davon aus, daß Sie an meinem Angebot interessiert sind und werde mir erlauben, Ihnen die eingebrochene Bank per Bahnfracht, deren Kosten ich selbstverständlich übernehme, in nächster Zeit zustellen zu lassen, es sei denn, Sie würden mich innerhalb der nächsten vier Wochen Gegenteiliges wissen lassen.

Mit freundlichen Grüßen

Dr. Reinhold Schaffrath

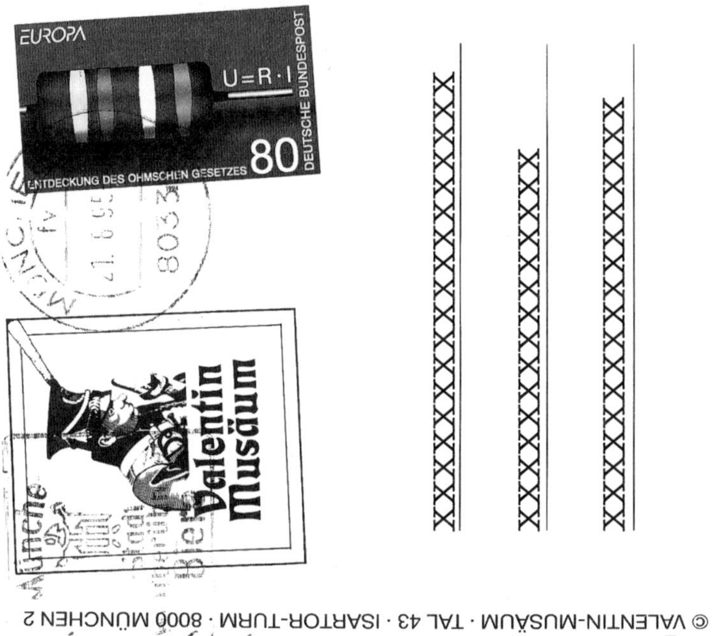


© VALENTIN-MUSÄUM · TAL 43 · ISARTOR-TURM · 8000 MÜNCHEN 2

21.8.95

Sehr geehrter Herr Schaffrath, ich
muß Sie auf das allerdring-
lichste bitten von einer
Übersendung der "gebrochenen"
Bank abzusehen, da das Va-
lentin-Mus. nicht ausbaufähig
ist u. somit keine Unterbring-
ungsmöglichkeit für Ihre
Verunglückungsbank besteht.
Trotzdem vielen Dank u.
recht schöne Grüße Gudrun Köhl

Karl Valentin (4. 6. 1882 – 9. 2. 1948)
Groteske Gebärde, Aufnahme um 1935

»... hot da der a greislichs Gfrieß!«

An den
ORF
Würzburgg. 30
1130 Wien

2. 5. 1995

Kundendienst

Betr.: "Gesprächsrunde"

Als aufmerksamer Betrachter Ihrer Nachrichtensendung "Zeit im Bild" fiel mir neulich auf, daß Sie die Besprechung einiger Politiker als "Gesprächsrunde" bezeichneten. Der Fernsehzuschauer hatte nur kurz einen Einblick in den dafür vorgesehenen Raum, ehe die Türen geschlossen wurden, da die Besprechung offensichtlich unter Ausschluß der Öffentlichkeit stattfinden sollte.

Nun zu meiner Frage: Als bei noch offener Tür ein kurzer Blick in den Konferenzraum möglich war, fiel mir auf, daß der Tisch, an dem die Gesprächsteilnehmer bereits Platz genommen hatten, oval war.

Nun möchte ich gerne wissen, ob der Tisch nach Schließen der Türen durch einen runden Tisch ausgetauscht wurde. Wie sonst hätte in diesem Fall die Bezeichnung "Gesprächsrunde" gepaßt?

Ich bitte höflichst um entsprechende Auskunft. Oder verbirgt sich hinter meiner Anfrage ein linguistisches Problem?

Für Ihre freundlichen Bemühungen danke ich Ihnen im voraus.

Mit freundlichen Grüßen

Dr. Reinhold Schaffrath

Österreichischer Rundfunk, A-1136 Wien

ORF

GENERALINTENDANZ

Herrn
Dr. Reinhold SCHAFFENRATH
~~XXXXXXXXXXX~~
~~XXXXXXXXXXXXXX~~

Unser Zeichen 09/05/21,fra/gr
+Tel DW
+Fax DW
Wien, den 12.05.1995

Sehr geehrter Herr Dr. Schaffenrath!

Ihr Schreiben, das wir am 9. Mai dieses Jahres erhalten haben, hat etwas Humor in den sonst grauen Alltag des ORF-Publikumsservice gebracht. Dafür möchte ich mich doch recht herzlich bedanken.

Über Ihr Anliegen habe ich mir wirklich Gedanken gemacht und auch in Meyers enzyklopädischem Lexikon in 25 Bänden nachgeschlagen. Dort war zum Thema Ellipse (Oval) folgendes nachzulesen:

***Ellipse*** griechisch: Mangel - Zur Bezeichnung der Tatsache, daß einem Satz ein Wort bzw. einer länglichrunden Figur die vollkommene Kreisform „fehlt"

Abgesehen davon möchte ich festhalten, daß auch z.B. die „Pressestunde" als Diskussionsrunde bezeichnet wird - obwohl der Tisch gänzlich fehlt.

Vielleicht haben Sie noch weitere lustige Anliegen für uns und ich würde mich freuen, wenn Sie diesbezüglich mit mir Kontakt aufnehmen.

Mit freundlichen Grüßen

PUBLIKUMSSERVICE

Christa STRATIL-SAUER

11.11.1996

An die
Interunfall
Versicherung Aktiengesellschaft

Tegetthoffstraße 7-9
1011 Wien

Betr.: Abschluß einer Unfall- bzw. Lebensversicherung

Sehr geehrte Damen und Herren!

Neben meiner akademischen Tätigkeit beschäftige ich mich fallweise mit der Vorführung von Zauberkunststücken, wobei mein Spezialtrick *Die zersägte Jungfrau* bisher stets besonderen Anklang fand, zumal ich mich als Hobbyzauberer einer von Profis bisher sicherlich noch nicht verwendeten Methode bediene. Trotz Beachtung der notwendigen Sicherheitsmaßnahmen ist mir jedoch neulich ein kleines Mißgeschick passiert, als ich der betreffenden Dame eine leicht blutende Wunde an der linken Hüfte zufügte. Zum Glück gelang es mir rechtzeitig, die Kreissäge abzustellen.

Dieser Vorfall veranlaßt mich, Sie um ein Angebot für eine Unfall- bzw. Lebensversicherung für jene Personen, die sich für meine Vorführungen zur Verfügung stellen, zu bitten. Ich versichere Ihnen, daß ich in Zukunft noch sorgfältiger mit meinen Geräten umgehen werde. Selbstverständlich werden scharfe Gegenstände - insbesondere das Sägeblatt - vor jedem Einsatz durch zweimaliges Abwaschen mit heißem Wasser sterilisiert, so daß im Falle eines weiteren "Betriebsunfalls" zumindest keine folgenschwere Blutvergiftung zu erwarten ist.

Ihrem geschätzten Angebot mit Interesse entgegensehend verbleibe ich

mit besten Grüßen

Dr. Reinhold Schaffrath

INTERUNFALL Versicherung Aktiengesellschaft
Generaldirektion
A-1011 Wien, Tegetthoffstraße 7
Tel. (0222) 514 03-0

INTERUNFALL
Versicherung Aktiengesellschaft

Herrn
Dr. Reinhold Schaffrath

XXXXXXXXXXX
XXXXXXXXXXXXXX

Postanschrift: A-1011 Wien
Postfach 867

Telefax: (0222) 514 03-590
(0222) 514 03-210

| Ihre Zeichen, Ihre Nachricht vom | Unsere Zeichen, unsere Nachricht vom | Durchwahl | Datum |
|---|---|---|---|
| | Wa | 517 | 26.11.96 |

Betrifft: **Ihre Anfrage vom 11.11.1996**

Sehr geehrter Herr Dr. Schaffrath,

wir bedauern, Ihnen mitteilen zu müssen, daß wir Ihnen kein Anbot für eine Versicherung erstellen können.
Bei den Versicherungssparten Lebens- und Unfallversicherung werden durchwegs wesentlich längere Versicherungsdauern (einige Jahre) abgeschlossen. Wir nehmen aber an, daß die Personen, die sich für Ihre Zauberkunststücke zur Verfügung stellen, lediglich für einen Abend versichert sein sollen.
Derart kurzfristige Verträge können wir Ihnen leider nicht anbieten!

Sollten Sie jedoch Darsteller haben, die auf längere Dauer versichert werden können, bitten wir Sie, uns zu einer Anbotserstellung folgende Daten zur Verfügung zu stellen:

- Name, Geburtsdatum, Geschlecht
- bei Lebensversicherung: Versicherungsdauer, Versicherungssumme
- bei Unfallversicherung: Beruf, Versicherungsdauer
  Versicherungssumme für dauernde Invalidität
  Versicherungssumme für den Todesfall
  Sofort-Taggeld
  Sofort-Spitalgeld
  Unfallkosten

Für Rückfragen stehen wir selbstverständlich jederzeit unter der Tel.Nr. (0222) 514 03 DW 517 zur Verfügung!

Wir hoffen, Ihnen gedient zu haben

und verbleiben mit freundlichen Grüßen

INTERUNFALL VERSICHERUNG
AKTIENGESELLSCHAFT

i.A. Walter

An die
Alpinschule
Hornweg 15
6380 St. Johann in Tirol

9. 10. 1995

Betr.: Bergbesteigung

Sehr geehrte Herren !

Beruflich konnte ich in meinem Leben bisher das eine oder andere bewirken, nicht aber im Freizeitbereich, was mich ein wenig traurig stimmt: keine Siegerurkunde, kein Pokal, keine Teilnahme an internationalen Wettkämpfen ...

Trotz dieser Enttäuschung, deren Ursache in meinem etwas unsportlichen Naturell liegen mag, habe ich es noch immer nicht aufgegeben, einmal einen Rekord im Freizeitbereich anzustreben. Vielleicht können Sie mir bei der Verwirklichung eines vielleicht etwas ungewöhnlichen Vorhabens helfen:

Da in Österreich sicherlich keine Erstbesteigungen kleinerer Berge mehr möglich sind, kam mir nun die Idee, eine Letztbesteigung zu unternehmen. Bitte nennen Sie mir einen kleinen nicht zu mühsam zu bezwingenden Berg für mein Vorhaben! Da ich leider über nur wenig Ausdauer verfüge, sollte der Berg nicht höher als 500 Meter sein. Der Umfang des Berges an seinem Fuß sollte höchsten vier Kilometer betragen, damit die Kosten für die Errichtung des Zaunes um den Berg nach Abschluß meiner Aktion für mich in Grenzen gehalten werden könnten.

Ich würde Sie dann nur bitten, durch Versiegeln und gelegentliche Kontrolle des Zaunes zu gewährleisten, dass ich wirklich der Letztbesteiger des von Ihnen gewählten Berges bleibe. Über das Anbringen einer bescheidenen Gedenktafel an Ort und Stelle mit dem Hinweis auf meinen Rekord bzw. auf meine sportliche Leistung, unterzeichnet von Ihnen (oder einer anderen kompetenten alpinen Institution), würde ich mich natürlich freuen.

Besten Dank für eine wohlwollende Prüfung meines Anliegens sowie eine baldige Reaktion.

Mit freundlichen Grüßen

Dr. Reinhold [illegible]

Alpinschule
Bergführerbüro
St.Johann
in Tirol
gemeinsam noch hinaus...

Günther Mimm
Hornweg 15
A-6380 St.Johann in Tirol
Austria
++43 [o]5352 62515 - mobile: ++43 [o]676 49 56 885
www.mimm.at - alpinschule@mimm.at

**Herrn**

**Dr. Reinhold Schaffrath**

**XXXXXXXXXXX**
**XXXXXXXXXXXXXXX**

**Betreff: Letzt-Besteigung**

---

**Sehr geehrter Herr Dr. Schaffrath,**

**Sie haben mir Ihre Zeilen über Ihr Vorhaben, eine Letzt-Besteigung zu planen, vor rund 3 Jahren zukommen lassen, und ich muss ehrlicher weise gestehen, ich habe die „Sache“ nicht ganz ernst genommen. Dennoch ist Ihre Idee immer wieder in meinem Kopf aufgetaucht, ohne diese weiter genauer zu beachten.**

**Ich bin auf unserem Planeten bereits ein wenig umher gekommen, habe einiges gesehen und könnte mir vorstellen, dass man ein Plätzchen für die Verwirklichung Ihrer nicht ganz üblichen Idee finden könnte.**
**Österreich, oder gar Mitteleuropa ist für das „Enklavisieren“ von Bergen möglicherweise etwas zu dicht besiedelt - und bewohnt von neugierigen Individuen.**

**Außerhalb Europas jedoch, könnte man, mit etwas Beharrlichkeit und Einfallreichtum, und etwas „Kleingeld“, Ihr Vorhaben durchaus versuchen durchzuziehen.**

**Das wär's eigentlich im Moment, vielleicht hört man wieder voneinander, würde mich freu'n;**

**mit freundliche Grüßen**

**Günther Mimm**
**Leiter der Alpinschule St.Johann in Tirol**
**Leiter der Ski-Akademie St.Johann in Tirol**

Herrn
Dr. Helmut Pechlaner
Tiergarten Schönbrunn GesmbH
Maxing Str. 13b

1130 Wien

29. 5. 1995

Sehr geehrter Herr Doktor !

Schon seit Jahren üben Nilpferde auf mich eine besondere Faszination aus. Anläßlich unseres letzten Urlaubs auf Teneriffa vor wenigen Monaten hatten meine Frau und ich in einem dort neu entstandenen Park wieder einmal die Gelegenheit, diese schönen Tiere, die mich auch wegen ihrer heiteren Physiognomie beeindrucken, zu beobachten. Wie Sie aus beiliegendem Gedichtband (S.26) entnehmen, habe ich das Nilpferd auch schon literarisch bedacht.

Nun zu meinem Anliegen: Wir besitzen ein Haus mit Garten und kleinem Biotop. Besteht die Möglichkeit, unter diesen Umständen privat ein Nilpferd zu halten? Ich bitte Sie höflich um entsprechende Auskunft, auch in bezug auf Anschaffungsmöglichkeiten und -kosten des Tieres, sowie allfällige für mich derzeit nicht erkennbare Problematik der Tierhaltung.

Ich hoffe, daß mein Vorhaben keinen Artenschutzbestimmungen widerspricht, zumal mir bekannt ist, daß u.a. auch Reptilien und Vogelspinnen privat gehalten werden.

Da eine eventuell erforderliche Umgestaltung unseres Gartens während der warmen Jahreszeit leichter durchführbar ist, danke ich Ihnen im voraus für eine baldige Beantwortung meines Schreibens.

Mit freundlichen Grüßen

Dr. Reinhold Schaffratl

PS: Das Büchlein, dessen Inhalt während meiner Studienzeit entstanden ist, schenke ich Ihnen selbstverständlich.

**Mahlzeit**

Ein Nilpferd, noch dazu verschnupft,
verschlang ein Huhn, das ungerupft.
Einstweilen blieben in den Ritzen
des Rachens raue Federspitzen,

wo sie erzeugten ein Gekratze.
Das Nilpferd schnitt noch eine Fratze,
bevor es laut begann zu niesen.
Das kam von jenem Huhn, dem fiesen.

Das Nilpferd schwor dann viele Eide,
zu grasen nur noch auf der Weide
in einer Herde
wie and´re Pferde ...

SCHÖNBRUNNER
TIERGARTEN

Herr
**Dr. Reinhold Schaffrath**
[redacted]

Wien, 26. Juni 1995

Sehr geehrter Herr Doktor!

Da ich im Tiergarten für den Säugetierbereich zuständig bin, hat mich Herr Dr. Pechlaner gebeten, Ihnen für Ihren Brief vom 29.Mai - und auch für den Gedichtband -zu danken und Ihnen zu antworten.

Sofern keine Vorschriften dagegen sprechen, wie etwa in Wien die Tierhalteverordnung, kann prinzipiell auch von Privatpersonen die Haltung von Flußpferden betrieben werden. Praktisch sieht die Sache hingegen ganz anders aus. Es wären als Voraussetzung Bedingungen zu schaffen, wie sie in Zoologischen Gärten gegeben sind. Ich führe an: Ein heizbares Haus für die kalte Jahreszeit mit beheizbarem Badebecken, ein massiv abgesichertes Außengehege, ebenfalls mit Badebecken. Wasserwechsel muß zumindest zweimal wöchentlich erfolgen, der Wasserbedarf beträgt viele Kubikmeter. Flußpferde schauen freundlich aus, können aber für ihren Betreuer lebensgefährlich werden. Bei uns gehören sie zu jenen Tieren, zu denen die Pfleger nicht ins Gehege gehen dürfen.

Eine Tierhaltung in derartiger Dimension müßte auch in NÖ amtlich genehmigt werden, wobei Amtstierarzt und Sicherheitsbehörde die Entscheidung treffen. Das Einverständnis der Nachbarschaft muß natürlich auch gegeben sein.

Somit kann ich eigentlich nur empfehlen, daß Sie sich in Schönbrunn oder in einem anderen Tiergarten am Anblick von Flußpferden erfreuen.

Ich hoffe, Ihnen mit diesen Zeilen etwas gedient zu haben, und verbleibe mit den besten Grüßen

Prof. Dr. Kurt Kolar
Kurator für Säugetiere

An die
Hypo-Bank N.O.
Wipplinger Str. 2

1011 Wien

Werbeabteilung

4. 7. 1995

**Betr.:** Ansuchen um Sponserung

Sehr geehrte Herren !

Wie Sie aus beiliegendem Schriftverkehr mit dem Tiergarten Schönbrunn entnehmen können, erwäge ich die private Haltung eines Flußpferdes.

Trotz der geäußerten Bedenken des Prof. Dr. Kolar ist mir die Realisierung meines Vorhabens nach wie vor ein Anliegen, zumal mittlerweile geführte Gespräche mit dem zuständigen Amtstierarzt sowie mit der Sicherheitsbehörde positiv verliefen. Auch hinsichtlich der Einfuhr des Tieres - insbesondere wenn es aus dem EU-Raum kommt - sind keine Schwierigkeiten zu erwarten.

Nun geht es also an die Planung eines artgerechten Geheges. Der vorsichtigen Schätzung eines Salzburger auf diesem Gebiet erfahrenen Architekten zufolge ist für bauliche Maßnahmen ein Betrag von ca. 3,8 Mio. Schilling zu veranschlagen.

Aus naheliegenden Gründen bitte ich Sie, die Hypobank, um eine Sponserung meines Vorhabens in einem mich finanziell spürbar entlastenden Umfang.

Als Gegenleistung wäre ich bereit, am Außengehege eine geschmackvoll gestaltete Gedenktafel mit Hinweis auf den Sponsor montieren zu lassen. Auch könnte ich mir vorstellen, fallweise sog. "Hypo-Pool-Parties" zu veranstalten, bei denen die Besucher unter anderem auch mit Werbematerial Ihrer Bank versorgt würden.

Ich bitte höflich um wohlwollende Prüfung meines Ansuchens und danke Ihnen im voraus bestens für Ihre Bemühungen.

Mit freundlichen Grüßen

Dr. Reinhold Schaffrath

NIEDERÖSTERREICHISCHE LANDESBANK - HYPOTHEKENBANK
AKTIENGESELLSCHAFT
1011 Wien, Wipplingerstraße 2, Postfach 480, Tel. 0222/53155* DW

HYPO
NÖ. LANDESBANK

Aktiengesellschaft Sitz: Wien
Handelsgericht Wien
Firmenbuch-Nr.: FN 99073 x
**Zentrale:**
Telex 134 184 (Giro u. Ausland: 134 750)
Telegrammadresse Landeshypo Wien
S.W.I.F.T. Adresse HYPN AT WW
Österr. Nationalbank Konto Nr. 1-2010-3
Österr. Postsparkasse Konto Nr. 4.703.004
DVR 0042862, BLZ 53 000

Herrn
Dr. Reinhold Schaffrath
XXXXXXXXXXXXX
XXXXXXXXXXX

| Ihr Zeichen | Unser Zeichen | Unsere ☏ Nr. | Telefax | Ort, Datum |
|---|---|---|---|---|
| | 361/br | | | Wien, am 20. Juli 1995 |

Sponsering

Sehr geehrter Herr Doktor!

Mit großem Interesse haben wir Ihr Schreiben vom 4. Juli d. J. gelesen und möchten uns dafür herzlich bedanken.

Es freut uns besonders, daß Sie bei bestehendem symbolischem Zusammenhang zur „Hypo-Nilpferd" Werbekampagne der NÖ. Landesbank mit Ihrer Bitte an uns herantreten. Leider ist uns als Landesbank jedoch nur ein beschränktes Budget für Sponsering-Aktionen verfügbar, welches wir bereits für dieses, als auch für nächstes Jahr geplant haben. Wir sehen uns daher leider außerstande, Ihr Vorhaben finanziell zu unterstützen.

Mit den besten Wünschen, daß Ihr außergewöhnliches Projekt trotzdem realisiert werden kann, zeichnen wir

mit freundlichen Grüßen

NIEDERÖSTERREICHISCHE
LANDESBANK-HYPOTHEKENBANK
AKTIENGESELLSCHAFT

# II. „Gartenriesen wegen Platzmangels derzeit nicht im Sortiment . . .“

## Briefe an Firmen

Dr. Reinhold Schaffrath

An die 6. 7. 1995
Firma Melitta GesmbH und Co KG
Münchener Bundesstr. 131
5021 Salzburg

Abt. für Werbung

Betr.: Vielfältigkeit der Anwendbarkeit von Melitta Kaffee-Filtern

Sehr geehrte Damen und Herren !

Seit einiger Zeit leide ich nach morgendlichem Kaffeegenuß unter leichten Magenbeschwerden. Auch die Befolgung des Rates meines Hausarztes, weniger Kaffeepulver zu nehmen, änderte daran nichts.

Nun kam ich vor ca. zehn Tagen auf die Idee, bei der Kaffeezubereitung mit Melitta Kaffee-Filtern gänzlich auf das Kaffeepulver zu verzichten, und - Sie werden es kaum glauben - die geschilderten Beschwerden sind verschwunden. Nun genieße ich jeden Morgen zwei Tassen eines mit Hilfe von Melitta Kaffee-Filtern gewonnenen gesunden und geschmacksneutralen (ich nehme nie Milch oder Zucker) Produktes.

Ich möchte Ihnen auf diesem Wege einmal herzlich zu Ihrem vielfältig verwendbaren Erzeugnis gratulieren, das also auch bei Dosierung des Kaffeepulvers in oben geschildertem Ausmaß zur Herstellung eines gesunden - im übrigen auch preiswerten - Getränkes hervorragend dient.

Ich erlaube mir den Vorschlag, diesen neuen Aspekt der Melitta Kaffee-Filter-Anwendbarkeit in Ihre Werbung zu integrieren und würde mich über eine gelegentliche Stellungnahme sehr freuen.

Mit freundlichen Grüßen

Dr. Reinhold Schaffrath

PS: Meine Frau verwendet allerdings nach wie vor einen Löffel Kaffee pro Tasse.

Melitta®

MELITTA GESELLSCHAFT M. B. H. & CO. KG, A-5021 SALZBURG, POSTF. 62

Herrn
Dr. Reinhold Schaffrath
XXXXXXXXXXXX
XXXXXXXXXXXXX

| Ihre Zeichen | Ihre Nachricht vom | Unsere Zeichen | Datum |
|---|---|---|---|
| | | KH/GS | 07.08.95 |

Sehr geehrter Herr Dr. Schaffrath,

wir freuen uns, daß Sie mit den Melitta Filtertüten zufrieden sind und Sie für sich persönlich eine "Kaffeetrink-Variante" gefunden haben, die keinerlei Beschwerden verursacht.

Allerdings waren wir über die von Ihnen gewählte Variante, gänzlich auf das Kaffeemehl zu verzichten, etwas überrascht.

Da Melitta Filtertüten absolut geschmacksneutral sind, handelt es bei dem von Ihnen gewonnenen Produkt schlichtweg um Heißwasser, das mit Kaffee nichts mehr zu tun hat.

Da die Österreicher aber Kaffeeliebhaber sind, können wir unsere Positionierung "Melitta. Für vollendeten Kaffeegenuß." nicht verändern.

Wir danken für Ihren Vorschlag und hoffen, daß Sie weiterhin mit Melitta Filtertüten genießen können, sei es mit Kaffee, aber auch ohne.

Mit freundlichen Grüßen

Dr. Ingrid König
Marketing-Manager

16.10. 1995

An die
Firma Evva
Sicherheitsschlösser
Wienerbergstr. 59-65
1121 Wien

Betr.: Einbau einer Diebstahlsicherung

Sehr geehrte Damen und Herren !

Neben meinem akademischen Beruf (Theaterwissenschafter) betätige ich mich auch künstlerisch, und zwar als Sänger und Kabarettist. Tourneen führten mich bereits in zahlreiche europäische Länder sowie nach Brasilien.

Leider ist mir bei meinen Gastspielen im Ausland mittlerweile schon siebenmal (wahrscheinlich von Fans) ein für mich sehr wichtiges Requisit gestohlen worden, nämlich mein Zylinder.

Da ich erfahren habe, dass Sie auch Zylinderschlösser herstellen, bitte ich höflich um Mitteilung, ob ein kurzfristiger Einbau einer entsprechenden Diebstahlsicherung in meinen Zylinder möglich ist.

Für eine umgehende Beantwortung meiner Anfrage danke ich Ihnen im voraus, zumal meine nächste Tournee durch Niedersachsen bereits in wenigen Wochen startet.

Mit freundlichen Grüßen

Dr. Reinhold Schrappeller

Zylinder-Schließanlagen, Zylinderschlösser
EVVA-WERK
Spezialerzeugung von Zylinder- und
Sicherheitsschlössern Gesellschaft m.b.H. & Co.
Kommanditgesellschaft
A-1120 Wien, Wienerbergstraße 59–65
Telefon (0222) 811 65 Serie
Telex 131614, Telefax (0222) 812 20 71
DVR-Nr. 0131504, UID Nr. ATU13797907

MCS
MAGNETIC-CODE-SYSTEM
SYSTEM GPI

EVVA-WERK Spezialerzeugung von Zylinder- und Sicherheitsschlössern Gesellschaft m.b.H. & Co.
Kommanditgesellschaft, A-1120 Wien, Wienerbergstraße 59–65, 1121 Wien, Postfach 77

Herrn
Dr. Reinhold Schaffrath
XXXXXXXXXXXXX
XXXXXXXXXXX

Wien, 20. Oktober 1995
JK/Mg

Betrifft: **<u>Ihr Schreiben vom 16.10.95</u>**

Sehr geehrter Herr Doktor Schaffrath!

Bezugnehmend auf Ihr oben angeführtes Schreiben bitten wir Sie um telefonische Kontaktaufnahme mit unserem Herrn Jacoba, Tel:: 0222/811 65/ 211, um Ihr beschriebenes Problem näher besprechen zu können.

In der Zwischenzeit verbleiben wir

mit freundlichen Grüßen

EVVA-WERK
Spezialerzeugung von Zylinder- und
Sicherheitsschlössern Gesellschaft m.b.H. & Co.
Kommanditgesellschaft
A-1120 Wien, Wienerbergstraße 59–65

Pichler ppa. Kutrovatz

Firma
Reebock-Austria GesmbH
Reebockplatz 1

5162 Obertrum

Abteilung für Werbung
z.H. Herrn Mag. Öllerer

4. 9. 1995

**Betr.:** Werbung für REEBOCK-Kleidungsstück

Sehr geehrter Herr Magister !

Neulich kaufte mir meine Frau ein sog. T-Shirt. Dem sicheren Geschmack meiner Frau vertrauend trug ich das neue Kleidungsstück ohne zunächst dem Muster besondere Beachtung zu schenken. Erst nach dreimaligem Tragen fiel mir auf, daß auf dem T-Shirt deutlich die Aufschrift REEBOCK zu lesen ist. Ich erkundigte mich bei meiner Frau nach der Bedeutung dieses Wortes und erfuhr, daß es sich um eine Markenbezeichnung handelt.

Zu Ihrer Information möchte ich Ihnen mitteilen, daß ich neben meinem akademischen Beruf auch professioneller Opernsänger und Schauspieler bin und in dieser Eigenschaft unter anderem auch fallweise im Fernsehen für (gutbezahlte) Werbespots zur Verfügung stehe. Ich mache Ihnen daher den Vorschlag, das T-Shirt mit der Markenbezeichnung REEBOCK weiterhin zu tragen und so für Ihre Firma zu werben. Dafür erwarte ich von Ihnen einen - wie ich meine - überaus entgegenkommend niedrigen Betrag von S 400,- pro Tag,an dem ich das T-Shirt trage.

Für die 3 Tage, an denen ich mich bereits mit besagtem T-Shirt in der Öffentlichkeit zeigte, erlaube ich mir demnach S 1200,- in Rechnung zu stellen.

Ich bitte höflich um Stellungnahme zu meinem Vorschlag sowie um Überweisung des Betrages auf mein Konto.

Da ich mich ansonsten mit keinerlei Kleidung oder anderen Objekten die Markenbezeichnungen tragen, in der Öffentlichkeit zeige, dürfen Sie also mein Angebot als exklusiv betrachten.

Mit freundlichen Grüßen

Dr. Reinhold Schafferzahl

Firma

15. 7. 1996

Reebock-Austria GesmbH

5162 Obertrum

Abteilung für Werbung

Betr.: Zahlungserinnerung

Mit Bezug auf mein Schreiben vom 4.9.1995 (!) erlaube ich mir, Sie hiermit an die von Ihnen zu zahlenden S 1200.- für von mir geleistete Werbung für Reebock zu erinnern.

Sicherheitshalber teile ich Ihnen beiliegend noch einmal meine Bankverbindung mit.

Mit dem höflichen Ersuchen um baldige Erledigung verbleibe ich

mit freundlichen Grüßen

Dr. Reinhold Schaffrath

DR. FRANZ NISTELBERGER

RECHTSANWALT

A-1010 Wien
Stock im Eisen-Platz 3
Telefon 0222/512 32 12-0
Telefax 0222/512 32 12-9
DVR: 0662551

Bankverbindungen:
Postsparkassen-Konto 7621.334
Schelhammer & Schattera AG,
Konto 215046

Herrn
Dr. Reinhold Schaffrath
XXXXXXXXXX
XXXXXXXXXXXX

Wien, am 1.8.1996
8/6

Betrifft: Reebok Austria G.m.b.H. / Ihre Briefe vom 4.9.1995 und 15.7.1996

Sehr geehrter Herr Dr. Schaffrath!

Die Reebok Austria G.m.b.H. wird von mir ständig rechtsfreundlich vertreten. Meine Mandantschaft hat mir Ihre Briefe vom 4.9.1995 und 15.7.1996 zur Beantwortung übergeben.

Die Beantwortung Ihres "Schreiben" vom 4.9.1995 ist unterblieben, weil meine Mandantschaft Ihrem "Vorschlag" nicht jene Ernsthaftigkeit beimessen konnte, die Sie dem Inhalt dieses Briefes offenbar unterstellt haben.

Zunächst ist Ihnen sowohl zu Ihrer sehr geschätzten Gattin als auch deren sicheren Geschmack zu gratulieren. Wie mir als Anwalt – nicht zuletzt aus einer Vielzahl von Ehescheidungsverfahren – bekannt ist, stellt eine gute Beziehung bereits einen Glücksfall dar. Sowohl meine Mandantschaft als auch ich persönlich wissen daher den Umstand zu würdigen, daß Sie sich bei der Auswahl Ihrer Kleidung voll auf den guten Geschmack Ihrer Gattin (die sich für Reebok-Waren entschieden hat) verlassen können.

Meine Mandantschaft mußte jedoch mit Irritation zur Kenntnis nehmen, daß ihre bisherigen Werbemaßnahmen offensichtlich nicht ausreichend waren, bei Ihnen (also ohne Befragung Ihrer Gattin) durch die Aufschrift auf dem T-Shirt bereits eine Assoziation mit den von meiner Mandantschaft vertriebenen Artikeln bzw. mit deren wirtschaftlichen Tätigkeit im Bereich der Sportbekleidungsherstellung hervorzurufen. Im Zusammenhang mit dieser Überlegung stellt sich daher die Frage, welcher Werbeeffekt nun dadurch erzielt werden sollte, daß Sie, verehrter

Herr Doktor, dieses T-Shirt weiterhin zu tragen bereit sind. Das Tragen des T-Shirts durch Ihre geschätzte Person würde nämlich zu dem von Ihnen bereits aufgezeigten Effekt führen, daß sich die Betrachter des T-Shirts ebenfalls nach der Bedeutung der Aufschrift erkundigen müßten. Sohin kann nicht sichergestellt werden, daß dem unkundigen Betrachter Aufklärung über die Firmenbezeichnung und die Produktpalette meiner Mandantscahft erteilt werden kann. Der von Ihnen beabsichtigte Werbeeffekt wäre daher für meine Mandantschaft nicht vorhanden.

Meine Mandantschaft kann somit aus wirtschaftlichen Überlegungen Ihrem Vorschlag nicht nähertreten. Im übrigen entspricht er auch nicht dem international für meine Mandantschaft geltenden Werbekonzept.

In rechtlicher Hinsicht stellt Ihr Brief vom 4.9.1995 ein Angebot dar, das von meiner Mandantschaft nicht angenommen wurde. Zwischen meiner Mandantin und Ihnen ist demnach keine Vereinbarung zustandegekommen. Dieser einfache Sachverhalt müßte auch für einen Nichtjuristen verständlich sein. Mangels einer Vereinbarung besteht daher die geltend gemachte Forderung nicht zu Recht. Ihre Zahlungserinnerung vom 5.7.1996 erfolgte ohne rechtliche Grundlage, betrachten Sie sie daher bitte als gegenstandslos.

Im übrigen erlaube ich mir darauf hinzuweisen, daß man die Firmenbezeichnung Reebok nicht mit "ck" schreibt.

Mit vorzüglicher Hochachtung

Firma
Michelfeit
IZ-NÖ-Süd, Straße 6
2351 Wiener Neudorf

27.4.1995

Betr.: Gartengestaltung

Vor ca. 5 Jahren kaufte ich in Ihrer Firma einen Gartenzwerg, der sich stets - insbesondere bei den Kindern-großer Beliebtheit erfreute.

Nun sind wir vor 2 Jahren umgezogen, und zwar in ein Haus mit wesentlich größerem Garten. Nach abgeschlossener Gartengestaltung erweist sich nun unser lieber Gartenzwerg, der natürlich mit umgezogen ist, als zu klein. Er verschwindet einfach in dem weitläufigen Garten und erregt keine Aufmerksamkeit mehr.

Natürlich möchte ich auch im neuen Garten nicht auf ein adäquates Gartengestaltungselement verzichten und bitte Sie daher um Mitteilung, ob Sie in Ihrer reichen Produktpalette auch Gartenriesen haben. Ich benötige einen hübschen Gartenriesen, der, um aufzufallen, mindestens 4 m groß sein sollte und einen gutmütigen Gesichtsausdruck zeigt. Könnten Sie mir ggf. zum Transport einen Ihrer Kleintransporter zur Verfügung stellen, oder müßte ich selbst einen LKW organisieren?

Ich bitte höflichst um baldige Nachricht, da die Kinder die Erfüllung meines Versprechens, nämlich einen Gartenriesen aufzustellen, kaum noch erwarten können.

Im voraus besten Dank für Ihre freundlichen Bemühungen.

Mit freundlichen Grüßen

Dr. Reinhold Schaffrath

Anruf von der Geschäftsleitung der Firma einige Tage später: „Gartenriesen haben wir wegen Platzmangels derzeit nicht in unserem Sortiment. Wir empfehlen, bei einer anderen Firma nachzufragen."

Firma
Henkel Austria
Erdbergstr. 29
1030 Wien

8.1. 1996

Betr.: "PRIL"

Sehr geehrte Damen und Herren !

Vor einigen Tagen fiel mir erstmals auf, daß meine Frau zum Geschirrspülen dem Spülwasser eine kleine Menge eines Mittels hinzusetzt, das sie einer blauen Plastikflasche mit der Aufschrift "PRIL" entnimmt.

Mir ist bekannt, daß Reinigungsmittel oft phantasievolle Bezeichnungen haben, deren Sinn - vordergründig betrachtet - oft nur schwer erkennbar ist. Genauere Überlegungen machen jedoch bald beziehungsreiche Assoziationen offensichtlich, einige Beispiele: Wer liebt nicht Palmen und Oliven und denkt dabei an Meer und reine Luft - also "Palmolive" eine hübsche Bezeichnung für eine Seife. "Ajax" war ein giechischer Kämpfer, warum also nicht auch ein Mittel zur Schmutzbekämpfung so benennen? - "Omo", welch netter Kosenname für die Großmutter, die so gerne Wäsche wäscht, warum nicht ihr zu Ehren durch entsprechende Bezeichnung eines Waschmittels einmal ein Denkmal setzen? ...

Bei der Deutung des Begriffes "PRIL" habe ich allerdings (trotz linguistischer Vorbildung) Schwierigkeiten. Ich gehe daher ganz einfach davon aus, daß es sich schlichtweg um einen Rechtschreibfehler bei der Gestaltung der Flasche handelt. Wahrscheinlich heißt das Spülmittel "APRIL" oder "PRIEL". In diesen Begriffen ließe sich auch als Bezeichnung für ein Spülmittel ein Sinn ableiten.

Ich bitte höflich um Stellungnahme.

Zu Ihrer Information möchte ich Ihnen mitteilen, daß wir mit besagtem Spülmittel - trotz unzulänglicher Bezeichnung (ich nehme an, Sie werden diese nach meinem Schreiben korrigieren) - sehr zufrieden sind.

Mit freundlichen Grüßen

Dr. Reinhold Schaffrath

Henkel

# **Henkel** Austria

Henkel Austria Gesellschaft mbH, 1031 Wien, Postfach 132

Postanschrift:
Erdbergstraße 29, Postfach 132
1031 Wien
Telefon (0222) 71 104-0
Telefax (0222) 71 104-523
Telex 133101 a henk a

CA-BV
Konto 26-63 185/00 (BLZ 11 000)
Bank Austria
Konto 605 044 908 (BLZ 20 151)
Firmenbuchgericht:
Handelsgericht Wien, FN 128354 g
DVR 0005177

**Herrn**
**Dr. Reinhold Schaffrath**
[redacted]

| Ihre Nachricht/Zeichen | Unsere Abteilung/Zeichen | Telefon (Direktwahl) | Datum |
|---|---|---|---|
| | **GU/Pri/Wn** | **254** | **10. Januar 1996** |

**Lieber Herr Doktor Schaffrath!**

**Vielen Dank für Ihren amüsanten Brief, den wir selbstverständlich ernst nehmen.**

**Auch mit der perfektesten linguistischen Vorbildung, und die unterstellen wir Ihnen, wird es Ihnen nicht gelingen, das Wort „Pril" aus der neuhochdeutschen Sprache herzuleiten. Ja selbst das Wort Priel, als Ausdruck für einen schmalen Wasserlauf im Wattmeer, bleibt für Etymologen im Dunkeln. Pril ist ein Phantasiename und wir wissen heute nicht, ob diese Marke von einem Mitarbeiter niederdeutscher Herkunft stammt, der an einen Priel gedacht haben mag. Auch der Monat April mag als Stamm gedient haben, wobei wir unter diesem Aspekt sicher froh sein müssen, daß es nicht der Mai war.**

**Nun stellt sich noch die Frage: Warum überhaupt Phantasienamen, wenn doch unsere Sprache genug andere Wörter kennt. Die Antwort ist einfach: Wörter des täglichen Gebrauchs lassen sich rechtlich wesentlich schwerer schützen als Phantasienamen. So können Sie sicher sein, daß Sie, wenn Sie Pril kaufen, auch Pril bekommen.**

**Mit freundlichen Grüßen**

**Mag. Ernst Primosch**
**Leiter Kommunikation**

**PS.: Leichter hätten wir uns getan, wenn Sie uns nach dem Ursprung von Persil gefragt hätten, denn dieses Wort setzt sich aus Perborat und Silikat, zwei chemische Bestandteile, zusammen.**

Ein Unternehmen der Henkel Austria Gruppe

Firma
XXXXXX
Handarbeiten
XXXXXXXXXXX

XXXXXXXXX

2.5.1995

Auf Grund einer Information aus einem Gartenbuch benötige ich zur Zucht von Ohrwürmern, die zur Vernichtung von Blattläusen nützlich sind, Holzwolle. Diese wird in Blumentöpfe gestopft, die man in die Bäume hängt. Ich möchte es zunächst einmal mit 3 derartigen "Ohrwurmnistkästen" versuchen.

Da ich in letzter Zeit nur noch selten in die XXXXXX Innenstadt komme, bitte ich Sie höflich um Zusendung (per Nachnahme) von 3 Knäuel Holzwolle. Aus oben geschildertem Grund spielt die Farbe keine Rolle.

Besten Dank im voraus für Ihre Bemühungen sowie die rasche Erledigung, da zu befürchten ist, daß nach dem milden Winter die Blattläuse bald wieder kommen werden.

Mit freundlichen Grüßen

Dr. Reinhold Schaffrath

Am 3. Mai 1995, also nur einen Tag später, suchte eine beflissene Angestellte des Geschäfts den Schreiber des Briefes in seinem Hause auf und brachte Makramee-Wolle.

2004-07-09

An die
Geschäftsleitung
Von IBM Österreich
Internationale Büromaschinen GesmbH
Obere Donaustr. 95
1020 Wien

Betrifft: Computerzubehör

Sehr geehrte Damen und Herren!

Endlich ist es so weit. Modernen technischen Errungenschaften nicht immer vorbehaltlos aufgeschlossen, habe ich mir nach langem Zögern nun doch einen Computer angeschafft. Ein hilfsbereiter HTL-Student aus der Nachbarschaft hat mich bereits, wie Sie sehen, mit der Textverarbeitung ein wenig vertraut gemacht. Leider verbringt er seine Sommerferien wie im vergangenen Jahr an der Adria (Segeln), so dass er mir die nächsten zwei Monate für weitere Unterweisungen nicht zur Verfügung steht.
Daher erlaube ich mir, mich ausnahmsweise mit einem kleinen Problem direkt an Sie zu wenden: In meiner letzten „Computer-Nachhilfestunde“ wurde mir noch empfohlen, den Computer nicht jedes Mal auszuschalten, wenn ich meine Arbeit einmal kurz unterbrechen müsste, zumal es ja einen Bildschirmschoner gäbe.
Nun habe ich aber trotz sorgfältiger Durchsuchung des in verschiedenen Schachteln mitgelieferten umfangreichen Computer-Equipments keinen Bildschirmschoner finden können. Der Händler, bei dem ich den Computer gekauft hatte, konnte mein Anliegen nicht verstehen, bot mir aber an, dass mich in den nächsten Tagen ein Service-Mann aufsuchen könnte, was allerdings mit Unkosten verbunden wäre.
Um es kurz zu machen: Hiermit bestelle ich bei Ihnen – also direkt beim Hersteller – einen Bildschirmschoner für meinen Computerbildsschirm, Größe: ca. 36x33x40 (BxHxT), wenn möglich in weinrot (s. beiliegendes Stoffmuster), was am besten zu meinen Biedermeiermöbeln in meinem Arbeitszimmer passen würde. Sollten Sie diese Farbe nicht in ihrer Kollektion führen, bitte ich um Zusendung von Mustern für Stoffe, die zur Verfügung stehen.

Für Ihre freundlichen Bemühungen danke ich Ihnen im Voraus.

Mit besten Grüßen

Dr. Reinhold Schaffrath

IBM

Phone: +43-1-21145-5701
FAX: +43-1-21145-2105

# Facsimile

To: **Dr. Reinhold Schaffrath**

Von: Meike Schulze
IBM Österreich
Datum: 9. Juli 2004

Sehr geehrter Herr Dr. Schaffrath!

Vielen Dank für Ihren Brief vom 9. Juli 2004 bezüglich eines Bildschirmschoners für Ihren Computer. Wie telefonisch mit Ihnen besprochen ist ein Bildschirmschoner schon auf Ihrem Computer installiert und ich sende Ihnen anbei die Informationen wie Sie diesen aktivieren können.

Zuerst einmal geht man auf das Start Symbol unten links in der Ecke. Dort kann man dann zuerst auf die Zeile "Settings" und dann auf die Zeile "Control Panel" gehen . Dann gehen Sie bitte auf das Symbol mit dem Namen "Display". Da findet man dann den Reiter "Screen Saver" (Bildschirmschoner). Dort können Sie dann einen passenden auswählen und sogar einstellen nach wieviel Minuten des nicht benützens des Computers sich dieser automatisch anstellen soll.

Wenn Sie noch Fragen haben, stehen wir jederzeit gerne unter der Telefonnummer 01/21145-5701 zur Verfügung.

Mit freundlichen Grüßen

Meike Schulze

Meike Schulze
Sekretariat Generaldirektion
IBM Österreich

Firma
Tree-Recycling
Breitenfurter Str. 356 a

1235 Wien-Liesing

9. 10. 1995

**Betr.:** Entsorgung technischer Geräte

Sehr geehrte Herren !

Im Wiener Branchenverzeichnis wurde ich unter der Rubrik "Computerverschrottung" auf Ihr Unternehmen aufmerksam.

Ich bitte hiermit höflich um Mitteilung der mir entstehenden Kosten für die Verschrottung eines Taschenrechners des Typs MBO 3010. Format des Gerätes: 7 cm x 13,5 cm, Höhe 2 cm.

Bitte teilen Sie mir auch mit, ob die Abholung des Gerätes durch Sie mir zusätzliche Kosten verursachen würde.

Für eine rasche Beantwortung meiner Anfrage danke ich Ihnen im voraus.

Mit freundlichen Grüßen

Dr. Reinhold Schaffrath

# TREE -RECYCLING

Entsorgung, Wiederverwertung, -verwendung, Abfallmanagement und Beratung in allen Fragen der Abfallwirtschaft. Recycling von Elektronik- und Elektroschrott. Komplett-Entsorgung durch Branchen-Lösungen. Aktenvernichtung + Geräteverkauf. Abfall-Logistik.

Mitglied der AREC – Austria Recycling – und
VOEB – Vereinigung österreichischer Entsorgungsbetriebe

Sonderabfall-Sammlernummer: 00614429
Sonderabfall-Behandlernummer: 00614439

Dkfm. A. TREE G.m.b.H.
Breitenfurter Straße 356a
1235 WIEN

Telefon: 869 86 11 - 0, Fax: 869 86 11 - 33

Firmenbuch: Abt. B, Nr. 36640 · Handelsgericht Wien
UID: ATU 15 22 37 00 · ARA-Liz. Nr. S 7044

Wir lieben Altstoffe . . . Wir machen mehr daraus!
Viele Altstoffe . . . Ein Partner!
Wir entsorgen sie . . . komplett!
Abfall von heute = Rohstoff von morgen!
Recycling fängt beim Verkauf der Recycling-Produkte an!

An
DR. REINHOLD SCHAFFRATH
XXXXXXXXXXX
XXXXXXXXXXXXXX

---

Ihr Zeichen: Unser Zeichen: DKT/ Datum 10. Oktober 1995

Betrifft: **ELEKTRONIKSCHROTT**

Wir beziehen uns auf Ihr Schreiben vom 9.10.1995.

Die Entsorgung Ihres Rechners MBO 3010 ist kostenlos.

Da die Abholung durch uns infolge der Entfernung zu teuer wäre, ersuchen wir Sie, uns dieses Gerät per Post zu senden.

Als Spezialist für Entsorgung und Recycling entsorgen wir unsere Kunden von vielen Altstoffen.

Entsprechend den Forderungen des Abfallwirtschaftsgesetzes und den in der Folge erlassenen Verordnungen führen wir die Altstoffe einer weitgehenden Wiederverwertung, und sollte dies nicht möglich sein, einer fachgerechten Entsorgung zu.

Unsere Preisliste, die wir Ihnen gerne zusenden, gibt Ihnen Auskunft über die Entsorgungskosten einer Vielzahl von Altstoffen.

Wir freuen uns auf ein Gespräch und Zusammenarbeit.

Mit freundlichen Grüßen

TREE-RECYCLING

2. 9. 1996

An die
BAUMSCHULE
🌲🌲🌲🌲🌲🌲🌲🌲
🌲🌲🌲🌲🌲🌲🌲🌲🌲
🌲🌲🌲🌲🌲🌲🌲🌲🌲

Betr.: Einschulung

Sehr geehrter Herr 🌲🌲🌲🌲!

In unserem Garten ist vor einiger Zeit eine Eibe wild aufgegangen. Das Bäumchen hat mittlerweile eine Größe von 45 cm erreicht, und wir glauben, daß somit der Zeitpunkt zur Einschulung gegeben ist.

Da ich selbst im Lehrberuf tätig bin, ist mir natürlich eine qualifizierte Ausbildung unserer Eibe ein Anliegen. Aufgrund wiederholter Beobachtungen des Bäumchens fiel uns auf, daß es sich sehr brav verhält. Mit Disziplinschwierigkeiten in der Baumschule ist also nicht zu rechnen.

Ich bitte höflich um Mitteilung, ob eine Aufnahme unserer kleinen Eibe in Ihre Baumschule jetzt noch möglich ist, obwohl die allgemeinen Einschulungstermine an den Schulen ja bereits verstrichen sind. Auch bitte ich Sie um eine Information der ggf. anfallenden Schulgeldkosten.

Für eine möglichst umgehende Beantwortung meines Schreibens danke ich Ihnen im voraus.

Mit freundlichen Grüßen

Dr. Reinhold Schaffrat

Eine Antwort blieb leider aus. Die Eibe ist jedoch auch ohne spezielle Schulbildung prachtvoll gediehen.

An die
Firma Alpenmilch
Schillerstr. 2-4

5022 Salzburg

27.4.1995

Betr.: Butter

Sehr geehrte Damen und Herren !

Neulich bat mich meine Frau, die sich wegen starker Zahnschmerzen nicht wohlfühlte, in einer XXXXXX Billa-Filiale einige Lebensmittel zu kaufen. Obwohl ich beim Einkaufen von Lebensmitteln wenig Erfahrung hatte, hoffte ich, alles Gewünschte zur Zufriedenheit meiner Frau zu finden, zumal sie mir alle benötigten Waren übersichtlich auf einem Zettel notiert hatte, und zwar in der Reihenfolge, in der ich alles ohne doppelte Wege leicht finden könnte. Alles gelang bestens, nur mit der Butter hatte ich kein Glück. Gut leserlich (meine Frau ist Lehrerin) stand auf dem Zettel: Butter. Ich war verzweifelt, fand ich an der vorher mir beschriebenen Stelle nur "Teebutter" verschiedensterMarken. Um nichts falsch zu machen, nahm ich Abstand vom Kauf dieses Produktes, zumal wir Tee fast nie trinken.

Nun zu meiner Anfrage: Kann man in Österreich auch Butter kaufen? Besten Dank im voraus für eine gelegentliche Beantwortung.

Mit freundlichen Grüßen

Dr. Reinhold Schaffrath

SalzburgerLand
Das Milchparadies

Alpenmilch Salzburg Ges.m.b.H. · Schillerstraße 2 · A-5022 Salzburg

**Alpenmilch Salzburg Ges.m.b.H.**
Schillerstraße 2 · A-5022 Salzburg
Telefon (06 62) 45 06 76-0, 45 39 01-0
Telefax (06 62) 45 27 30

**Zweigbetrieb Bischofshofen**
Molkereigasse 10 · A-5500 Bischofshofen
Telefon (0 64 62) 24 06
Fax (0 64 62) 24 06 80

Herrn
Dr. Reinhold Schaffrath
XXXXXXXXX
XXXXXXXXXXXXX

Salzburg, den 3. Mai 1995

Sehr geehrter Herr Dr. Schaffrath!

Wir danken Ihnen für Ihr Schreiben vom 27. April 1995 und bedauern, daß Sie durch den Begriff „Teebutter“ beim Kauf von Butter verwirrt wurden.

„Teebutter“ ist in Österreich ein geläufiger Begriff, der von den meisten Firmen in der Molkereiwirtschaft für Butter verwendet wird.
„Teebutter“ stammt aus dem anglikanischen Raum und kommt daher, weil die Engländer zum Tee meist Buttergebäck gereicht haben.

Wir können Ihnen garantieren, daß unsere Teebutter ein rein natürliches Produkt aus dem Salzburger Land ist und würden uns freuen, wenn Sie trotz des Begriffes „Teebutter“ zu unserer Butter greifen würden.

Mit freundlichen Grüßen

Wechselberger

Alpenmilch Salzburg GesmbH
Karin Wechselberger

19. 4. 1995

Firma
F.C. Malek
Kuvertfabrik
Neubaugasse 68
1071 Wien

Betrifft: Anfrage zur Lieferung von Briefpapier

Sehr geehrte Damen und Herren!

Da ich als Lehrer an einem Gymnasium oft Rundschreiben zu verschicken habe, bitte ich um Mitteilung, ob Sie entsprechendes Briefpapier samt Umschlägen liefern können sowie um ein Preisangebot bei Abnahme ab 2000 Stück.

Das Briefpapier wird benötigt in den Farben weiß, beige, hellgrün und lachsrosa. Damit es in unsere Schreibmaschinen paßt, sollte der Radius nicht größer als 11 cm sein (also maximaler Durchmesser: 22 cm). Der dazu passende Umschlag sollte möglichst halbkreisformatig sein, daß das Rundschreiben nur einmal gefaltet werden muß.

Ihrem geschätzten Angebot sehe ich mit Interesse entgegen.

Mit freundlichen Grüßen

Dr. Reinhold Schaffratl

# F. C. MALEK
KUVERTFABRIK GES.M.B.H.
1071 WIEN, NEUBAUGASSE 68    POSTFACH 245
TELEFON: (1) ~~93 47 61~~ 523 47 61    TELEFAX: (1) ~~93 17 66~~ 523 17 66

Dr. Reinhold Schaffrath
XXXXXXX
XXXXXX
XXXXXXXX

Ihr Zeichen:    Ihre Nachricht vom:    Unser Zeichen:    Wien, 26. April 1995

Betreff: Ihre Anfrage vom 19.4.1995

Wir danken für Ihre Anfrage, müssen Ihnen jedoch mitteilen, daß wir die angefragten Produkte nicht in unserem Sortiment führen.

Wir verbleiben

mit freundlichen Grüßen
F. C. MALEK
Kuvertfabrik Ges.m.b.H.
1071 Wien, Neubaugasse 68

9. September 2003

An die
Firma Erdal
Neualmer Str. 13
5400 Hallein

Betr.: Frosch-Reiniger

Sehr geehrte Damen und Herren,

vor einigen Tagen machte ich in Vertretung meiner Frau, die normalerweise unsere Einkäufe erledigt, in einer XXXXX Merkur-Filiale einige Besorgungen. Unter anderem sollte ich laut Einkaufszettel auch ein Glasreinigungsmittel kaufen. In dem entsprechenden Regal mit den vielen Reinigungsmitteln fiel mir plötzlich eine Flasche mit der Aufschrift Frosch Seifenreiniger auf. Da ich meine Lesebrille nicht bei mir hatte und im übrigen etwas in Eile war, konnte ich meiner Entdeckung zunächst keine weitere Aufmerksamkeit schenken, machte mir zu Hause aber Gedanken über die Verwendbarkeit dieses Produktes und ließ mir telefonisch von der Geschäftsleitung der Firma Merkur Ihre Anschrift mitteilen.

Nun zu meinem Anliegen: Seit einiger Zeit verbringt in der kühlenden Erde einer unseren Hof schmückenden eingetopften Bougainvillea eine Kröte die wärmeren Stunden des Tages, wobei sich unsere Kröte (s. Kopie eines Fotos), die uns mittlerweile ans Herz gewachsen ist, aus einsichtigen Gründen schmutzig macht. Ich bitte daher um Mitteilung, ob Ihr Produkt Frosch Seifenreiniger auch für das Reinigen einer Kröte vorgesehen bzw. geeignet ist. Für eine baldige Antwort - wenn möglich noch vor Einsetzen der kalten Tage - danke ich Ihnen im Voraus.

Mit freundlichen Grüßen

Dr. Reinhold Schlaffratl

Anlage: Foto

**Erdal** Gesellschaft m.b.H. & Co. KG · Hallein

Werner & Mertz Gruppe

A-5400 Hallein
Neualmerstraße 13

Tel.: (062 45) 801 11-0*
Fax: (062 45/ 801 11-350
(Verkauf)
Fax: (062 45/ 801 11-345
(Buchhaltung)
erdal_austria@werner-mertz.com

ARA-Lizenznummer: 662
UID-Nr.: ATU 47517806

Erdal Gesellschaft m.b.H. & Co. KG · Postfach 125 · A-5400 Hallein

**Herrn**
**Dr. Reinhold Schaffrath**
XXXXXXXXX
XXXXXXXXXXXX

Hallein, 15. September 2003

**Frosch-Reiniger**

Sehr geehrter Herr Dr. Schaffrath,

wir danken Ihnen für Ihr Interesse an unserem Produkt, müssen Ihnen aber leider mitteilen, dass der Seifenreiniger auf keinen Fall für die Säuberung einer Kröte zu empfehlen ist. Kröten haben eine sehr empfindliche Haut. Unser Seifenreiniger würde diese empfindliche Haut entfetten und so den natürlichen Schutz zerstören.

Wahrscheinlich fühlt sich die Kröte in einer ökologisch gesunden Umgebung nach ihren natürlichen Instinkten am Wohlsten.

**Mit freundlichen Grüßen**

ppa. Mag. Franz Studener

Creditanstalt-Bankverein Salzburg Kto. 0995-26252/00 BLZ 11950 · Raiffeisenkasse Hallein Kto. 1032-2 BLZ 35022
Salzburger Sparkasse Hallein Hallein Kto. 6009002296 BLZ 20404 · DVR: 0063282 · Handelsgericht Salzburg, FN 185066 g
Geschäftsführer: Herbert Schallenberg

15. März 1999

Herrn
Valentin
D- München
Fax. 0049-89-99393510

Betrifft: Antrag auf Erwerb einer Liegenschaft auf dem Mond

Sehr geehrter Herr Valentin,

mit Bezug auf unser Telefongespräch am 13. März 1999 bitte ich Sie hiermit, für mich den Kauf einer hübschen Liegenschaft - wenn möglich in sonniger attraktiver Kraterhanglage - auf der Mondvorderseite zu organisieren.

Ich teile Ihnen mit, daß ich den von Ihnen genannten Preis von DM 34,80 für die besagte Quadratmeterzahl akzeptiere, ebenso die genannten Spesen für Versand der Unterlagen in Höhe von ca. DM 10,- bis 15,-. Gerne bestelle ich gleichzeitig den Mondreiseführer zum Preis von DM 24,80 (aber nur in Verbindung mit der Verbücherungsurkunde).

Ich möchte ausdrücklich darauf hinweisen, daß ich nicht bereit bin, weitere Kosten welcher Art auch immer zu tragen, etwa für Makler, Verbücherung, Grunderwerbssteuer, Aufschließung, Grundsteuer, notarielle Beglaubigungen oder anderes.

Ferner dürfte - wie besprochen - keine Verpflichtung zur Bebauung innerhalb der nächsten Jahre mit dem Erwerb der Liegenschaft verbunden sein. Ich gehe davon aus, daß ich im Falle von baulichen Veränderungen auf einem Nachbargrundstück zu den Bauverhandlungen eingeladen werde (die Reisekosten würden selbstverständlich von mir getragen werden).

Zu Ihrer Information möchte ich Ihnen noch mitteilen, daß ich in der Lage bin, obige Kosten unmittelbar nach Erhalt sämtlicher Unterlagen aus eigenen finanziellen Rücklagen zu begleichen. Eine hypothekarische Belastung des Grundstückes ist also nicht vorgesehen.

Für Ihre freundlichen Bemühungen danke ich Ihnen im voraus.

Mit besten Grüßen

Dr. Reinhold Schaffrath m.p.

Dr. Reinhold Schaffrath
XXXXXXXXXXXX

XXXXXXXXXXXXX

1. April 1999

Sehr geehrter Herr Dr. Schaffrath,

wir freuen uns über Ihren Entschluß, ein Mondgrundstück zu erwerben. Wir haben für Sie die Parzelle H12 Gulf 131 reserviert und übersenden Ihnen anbei die Besitzurkunde, eine Mondkarte, auf der die Lage Ihres Grundstückes eingezeichnet ist, sowie die Mondverfassung. Bitte lesen Sie die Mondverfassung sorgfältig durch. Sie regelt das friedliche Miteinander der Menschen auf dem Mond.

An Ihrem Kauf werden Sie sicherlich lang und viel Freude haben. Ihr Grundstück hat einen herrlichen und unverbaubaren Erdblick. Und auch von der Erde aus können Sie mit einem guten Fernglas Ihr Grundstück orten. Sie können bei Vollmond ja schon mal hinaufwinken.

Gerne bestätigen wir Ihnen, daß keine weiteren Kosten auf Sie zukommen. Der Mond ist in der Hinsicht ein gesegnetes Areal: Es gibt keine Steuern gleich welcher Art. Ob Sie allerdings Ihren steuerlichen Hauptsitz dorthin verlegen können, müssen Sie bitte mit den Finanzbehörden Ihres Landes klären.

Über bauliche Veränderungen auf den Nachbargrundstücken brauchen Sie sich keine Sorgen zu machen. Ihr Grundstück hat eine Größe von 7,2 Quadratkilometern. Sie finden darauf bestimmt eine ruhige Ecke, in der Sie vor Störungen (etwa durch laute Mondpartys Ihrer Nachbarn) sicher sind.

Wenn Sie ganz sicher gehen wollen, können Sie Ihr Grundstück natürlich auch mit einer hohen Mauer umgeben. Es gibt auf dem Mond keinerlei Bauvorschriften, die solches verbieten. Es gibt eigentlich sogar überhaupt keine Bauvorschriften, Sie können also nach Herzenslust planen und Ihre kühnsten Träume verwirklichen. Aus der Nicht-Existenz von Bauvorschriften folgt logischerweise auch die Nicht-Verpflichtung, Ihr Grundstück zu bebauen.

Generell gibt es so gut wie keine Vorschriften auf dem Mond – ist das nicht herrlich? Die Mondverfassung verbietet lediglich den Gebrauch von Waffen. Und Sie müssen Ihren Müll entsorgen.

Wenn wir Ihnen ein Tip geben dürfen: Das mit der Mauer sollten Sie sich genau überlegen. Eine solche Mauer verschandelt nicht nur die wunderschöne Mondoberfläche, Sie könnte vielleicht auch bei Ihren Nachbarn für böses Blut sorgen. Und an guten nachbarschaftlichen Beziehungen sollte uns doch allen gelegen sein. Es ist sicher die bessere Idee, gleich nach Ihrer Ankunft Ihre Nachbarn zu einem kleinen Umtrunk einzuladen. Ihre Einladung veröffentlichen wir gerne auf unserer Internetseite www.mondshop.de.

Auch wir planen ein fröhliches Fest für alle unsere Mondgrundstücksbesitzer – auf dem Mond selbstverständlich; der genaue Termin steht allerdings noch nicht fest. Wir werden Sie auf alle Fälle rechtzeitig informieren. Für die Anreise müssen Sie selber sorgen, aber wir versprechen Ihnen ein wunderbares Buffet mit all den Köstlichkeiten, die der Mond hergibt, und freie Drinks.

Also – bis irgendwann demnächst auf dem Mond!

Mit freundlichen Grüßen

Rudi Kost
Verleger

2004-08-07

An die
Geschäftsleitung der Firma
Elektrolux
Herziggasse 9
1230 Wien

Betrifft: Vorschlag zur weiteren Energieeinsparung bei Kühlschränken

Sehr geehrte Damen und Herren,

Da unser alter Kühlschrank aus den 60er Jahren vor ca. drei Wochen plötzlich nicht mehr funktionierte und sich eine Reparatur laut Auskunft des Servicemannes nicht mehr lohnt, entschlossen wir uns schweren Herzens zur Anschaffung eines neuen Kühlschrankes.

Mit unserem neuen AEG-Kühlschrank sind wir an und für sich sehr zufrieden, insbesondere weil er leise ist und laut Beschreibung weniger Energie verbraucht als ältere Modelle. In einer Zeit, in der die Notwendigkeit von Energieeinsparung propagiert wird, ein begrüßenswerter Umstand. Umso mehr befremdet uns, dass die Innenbeleuchtung (unser alter Kühlschrank hatte eine solche noch nicht) unseres neuen AEG-Gerätes, auch wenn es geschlossen ist, anbleibt. Es ist kaum zu glauben. Aber wir sind uns dessen sicher, ist doch das Innere des Kühlschrankes jedes Mal hell beleuchtet, wenn wir ihn öffnen!

Hier nun mein, wie ich meine, einfacher Vorschlag zur Vermeidung von Energievergeudung (und darüber hinaus zur Erhöhung der Lebensdauer der Lampe) bei geschlossenem Kühlschrank: Montage eines kleinen Lichtschalters außen an der Kühlschranktür (z.B. in der Nähe des Griffes), mit dessen Hilfe sich das Licht im Kühlschrank nach Öffnen desselben ein- und nach Schließen verlässlich ausschalten lässt.

Ich hoffe, Ihnen mit meinem Vorschlag gedient zu haben und würde mich über eine gelegentliche Stellungnahme freuen.

Mit freundlichen Grüßen

Electrolux

DATUM 16.08.04
VON Bl
ABTEILUNG Kundendienst

Herrn Dr.
Schaffrath Reinhold

XXXXXXXXXXX
XXXXXXXXXXXXX

Betrifft: Innenbeleuchtung bei Kühlgeräten

Sehr geehrter Herr Doktor,

wir bestätigen den Empfang Ihres Schreibens vom 07.08.2004. Leider können wir daraus weder Modell noch Produktnummer (PNC) Ihres Gerätes entnehmen. Wir können daher nur allgemein zu der Innenbeleuchtung bei Kühlgeräten Stellung nehmen.

Mit Einführung der Innenbeleuchtung wurden ausschließlich Geräte erzeugt die bei geschlossener Türe automatisch die Innenbeleuchtung abschalten. Bei Geräten vor 1995 und nicht elektronisch geregelten preisgünstigen Geräten erfolgt die Abschaltung über einen durch die Türe mechanisch betätigten Schalter der meist im Reglergehäuse angeordnet ist. Elektronische Geräte betätigen mittels eines in der Türe eingelassenen Magnets einen Reedschalter der die Aus- und Einschaltung der Beleuchtung übernimmt. Eine Überprüfung der Abschaltung bei geschlossener Türe ist nur durch Messung des Stromes (mA) möglich.

Wir danken für Ihren Hinweis und hoffen mit unserer Stellungnahme gedient zu haben.

Mit freundlichen Grüßen

Electrolux Hausgeräte GmbH
Kundendienst

i. A. Blaha

Ing. Harald Blaha

24.4.1995

An die
Firma
Gebrüder Wild
Delikatessen
Neuer Markt 10-11

1010 Wien

Betr.: Fleischlieferung

Ich veranstalte in meinem Haus in regelmäßigen Abständen Hausmusikabende, meist mit Darbietungen von Opernarien und Kunstliedern.

Nun habe ich vor, meine Gäste aus Gründen der Abwechslung auch einmal mit einem literarischen Abend zu erfreuen. Ein prominenter Schauspieler hat bereits zugesagt, aus Werken deutscher und österreichischer Dichter verschiedener Epochen zu lesen.

Ein lieber Bekannter, den ich seit Jahren zu meinen Stammgästen zählen darf, beurteilt mein Vorhaben jedoch skeptisch und meint, eine Dichterlesung in meinem Haus könnte nur dann erfolgreich verlaufen, wenn meine Gäste genügend Sitzfleisch hätten.

Da der Abend auf keinen Fall ein Fiasko werden soll, bitte ich Sie daher hiermit um Mitteilung, ob Sie mir für die besagte Veranstaltung (voraussichtlich Mitte Juni) 6 kg Sitzfleisch ins Haus liefern könnten. Es sollte von guter Qualität sein, da ich meinen Gästen stets in jeder Hinsicht nur Bestes zu bieten pflege.

Auch wenn Sie meinem Wunsch nicht entsprechen können, bitte ich Sie höflich um eine kurze Mitteilung, damit ich noch rechtzeitig umdisponieren kann. Für Ihre freundlichen Bemühungen danke ich Ihnen jedenfalls im voraus.

Mit freundlichen Grüßen

Dr. Reinhold Schaffrath

culinarium
oesterreich

Dr. Reinhold Schaffrath
XXXXXXXXXXXXXX
XXXXXXXXXXX

Wien, 15.Mai 1995

Betreff: Sitzfleisch

Es wird Ihnen ungewöhnlich erscheinen, dass wir Ihnen nun antworten, aber die Firma Wild ist hier leider nicht mehr tätig.
Das culinarium oesterreich wird sie aber bestmöglich vertreten.

Auf Ihren doch sehr außergewöhnlichen Wunsch zurückzukommen,
**6 kg Sitzfleisch von feinster Qualität** zu ordern,
haben wir nach langer schwieriger Suche im hohen Waldviertel einen
Lieferanten ausfindig machen können.
So hat er mir versichert, dass sein Sitzfleisch gut abgehangen ist.

Falls Sie noch Interesse haben, teilen Sie es uns bitte bald mit,
da nur begrenzte Mengen lieferbar sind.

mit freundlichen Grüßen

**culinarium oesterreich Vertrieb GmbH**
Neuer Markt 10-11 1010 Wien
t: +43-1-513 82 81-0 f: +43-1-513 82 81-40
e: haus@culinarium.at www.culinarium.at

culinarium oesterreich

culinarium oesterreich Vertriebs GmbH Neuer Markt 10-11 1010 Wien

Tel.Nr.: +43-(0) 1/513-82-81 Fax+43(0)1/513-82-81/40 Mo-Sa 9-24 Uhr www.culinarium.at
Sonn-und Feiertage 11.30-24.00 Uhr Durchgängig warme Küche bis 23.00 Uhr
Konto Nr.: 410 888 46021 Volksbank BLZ 43 000 IBAN Nr.: AT064300041088846021 SWIFT: VBWIATW1
UID.Nr.: ATU 54175609

2004-07-23

Firma
Reckitt Benckiser Austria GmbH
Alpenstr. 121
5020 Salzburg

Betrifft: Geldwäsche

Sehr geehrte Damen und Herren!

Auch mit der neuen Währung verhält es sich leider nicht anders: Ohne Respekt vor deren künstlerischer Gestaltung werden Geldscheine mit diversen Beschriftungen (Informationen, Zahlen u.a.m.) verunziert. Als Kunsthistoriker macht es mich jedes Mal traurig, einem derartigen Geldschein zu begegnen.

Nun habe ich mich entschlossen zu versuchen, mittels Radiergummi oder, wenn nötig, anderen geeigneten Utensilien, besagten Geldscheinen wieder ihr ursprüngliches ästhetisches Aussehen zu verleihen. Als meine Frau vor kurzem beobachtete, wie ich einen 20-Euroschein in ein Gefäß mit Seifenlauge tauchen wollte, um einen hartnäckigen Kugelschreiber-Strich zu entfernen, gab sie zu bedenken, dass die von Ihnen vertriebenen Reinigungsmittel (sie verwendet gerne „tru“) sicherlich effektiver seien.

Ich bitte höflich um Mitteilung, ob Sie mir zu meinem neuen – sicherlich auch von den zuständigen Behörden gutgeheißenen – Betätigungsfeld, der Geldwäsche, besagtes Mittel empfehlen oder ob Sie mir vorschlagen, ein anders Produkt aus Ihrem Hause zu verwenden. Auf jeden Fall sollte das Mittel nicht zu aggressiv sein, damit die Banknoten in ihrer Substanz unbeschädigt bleiben.

Für Ihre freundlichen Bemühungen danke ich Ihnen im Voraus.

Mit besten Grüßen

RECKITT BENCKISER

Herr
Dr. Reinhold Schaffrath
XXXXXX
XXXXX
XXXXXX

Mannheim, 29.07.2004

Verbraucherberatung
Tel. : (0621) 3246 - 570
Fax: (0621) 3246 - 500

**TRU – Vorwaschspray**

Sehr geehrter Herr Schaffrath,

vielen Dank für Ihre Anfrage.

Leider können wir Ihnen nicht mitteilen, ob unser Produkt Tru bedenkenlos bei Geldscheinen eingesetzt werden kann.

Tru VorwaschSpray wurde entwickelt und getestet für Kleidungsstücke. Wie sich das Mittel bei anderen Stoffen (auch langzeitlich gesehen) verhält, können wir Ihnen leider nicht mitteilen.

Falls es für Sie hilfreich ist, hier die (freigegeben) Bestandteile von Tru VorwaschSpray aus unserem Sicherheitsdatenblatt:

| | |
|---|---|
| Aliphatische KW | > 30 % |
| Fettalkohoiethoxylat | 10-30% |
| Isopropanol | 5-15 % |

Wir hoffen, daß wir Ihnen etwas weiterhelfen konnten.

Mit freundlichen Grüßen

Reckitt Benckiser Deutschland GmbH
Verbraucherberatung

Andrea Praska

An die
Buchhandlung
Wilhelm Frick
Graben 27
<u>1010 Wien</u>

30. 5. 1995

<u>Betr.:</u> Buchbestellung

Ich besitze eine Bücherwand mit ca. 760 Bänden, die ich alle hübsch nach Größe und Farbe geordnet habe. Als Kunsthistoriker lege ich Wert auch auf eine optisch ansprechende Gestaltung meiner Bücherwand.

Leider fehlt mir im 3. Regal von oben ein kleines 2 cm dickes Buch im Format 12 cm x 19 cm. Es soll lachsfarben sein und etwa 4 cm vom unteren Rand am Buchrücken einen 1cm breiten lindgrünen Streifen aufweisen. Für den Inhalt des Buches stehen folgende Wissens- bzw. Sachgebiete zur Auswahl: Möbelkunde, Römische Geschichte, Jägerwitze, Freimaurertum, Notfallchirurgie, Hopfenanbau.

Falls Sie ein entsprechendes Buch zum Schließen der Lücke in meiner Bücherwand (und somit zu deren optischer Vervollkommnung) in Ihrem Sortiment führen, bitte ich Sie hiermit, mir dieses zukommen zu lassen. Sollte der Preis über S 180,- liegen, bitte ich Sie jedoch höflich, sich vor dem Versand kurz mit mir in Verbindung zu setzen.

Für Ihre Bemühungen danke ich Ihnen im voraus.

Mit freundlichen Grüßen

Dr. Reinhold Schaffrath

Buchhandlung Wilhelm
FRICK
GmbH
A-1014 Wien, Graben 27,
bei der Pestsäule
Tel. +43 1 533 99 14, 533 99 15
Bestellabteilung +43 1 533 99 14-13
Fax +43 1 533 99 14-85

Wien, am 18.6.1995

Sehr geehrter Herr Doktor Schaffrath!

Bedauerlicherweise können wir Ihnen beim Schließen Ihrer Lücke mangels passenden Buchangebotes nicht behilflich sein.

Wir würden uns aber freuen, Sie gelegentlich in einer unserer Filialen begrüßen zu dürfen. Sicherlich finden Sie in unserem reichhaltigen Angebot das eine oder andere Buch, das Ihren vielfältigen Interessen entspricht.

Mit freundlichen Grüßen,

Gerhard Hirtl

Handelsgericht Wien – FN 41174a – UID-Nr.: ATU14896004 – BAG: 07 222
Bankverbindung: Bank Austria – Creditanstalt AG, Ktnr. 25211195600 BLZ 12000

Firma
Fernseh Födinger
Schillerstr. 48

2340 Mödling

5. 5. 1995

Wenn ich abends allein vor meinem Fernsehapparat sitze, will sich oft auch bei interessantestem Programm rechte Freude nicht einstellen. Ich könnte mir vorstellen, daß für mich Fernsehen in Gesellschaft viel unterhaltsamer wäre.

Nun erfuhr ich durch einen Zufall, daß Sie Fernseher vermieten. Ich möchte Sie daher fragen, ob Sie mir eventuell auch eine Fernseherin vermieten könnten.

Ggf. werde ich Ihnen dann detaillierte Angaben über meine spezifischen Wünsche hinsichtlich der zu mietenden Fernseherin mitteilen.

Ich sehe Ihrer Antwort mit großem Interesse entgegen.

Mit freundlichen Grüßen

Mödling, 10.5.1995

Betrifft: Anfrage vom 5.5.1995

Sehr geehrter Herr!

Selbstverständlich können wir Ihnen auch eine Fernseherin vermieten! Nur sind leider alle unsere jungen attraktiven Modelle bei ihren Mietern geblieben.
Wir haben daher momentan nur noch alte und abgegriffene Modelle auf Lager!
Sollten sie dennoch ihr Interesse an der Anmietung einer Fernseherin bekunden, würden wir uns freuen Sie in unserem Geschäft begrüßen zu dürfen!

Mit freundlichen Grüssen

FERNSEH FÖDINGER
VERKAUF FERNSEH-VIDEOTECHNIK
2340 Mödling
Schillerstraße 48
0 22 36 - 22 2 08

Födinger

# III. „Ihrem Wunsch, eine beträchtliche Gewichtszunahme zu betreuen, stehen wir ablehnend gegenüber…“

## Briefe im Zusammenhang mit Medizin und Gesundheit

An
Österreichische
Wipla-Laboratorien
Lerchenfelder Str. 128

1080 Wien

30. 10. 1995

**Betr.:** Zahnersatz

Sehr geehrte Herren !

Aufgrund des relativ hohen Selbstbehaltes der Krankenversicherten beim Erwerb eines qualitativ guten Zahnersatzes befasse ich mich seit Jahren mit der Erforschung von Möglichkeiten, die auch Patienten in niedrigen Einkommensverhältnissen einen akzeptablen prothetischen Zahnersatz erschwinglich machen.

Als Ergebnis intensiver zahnmedizinischer und -technischer Forschungsarbeiten in Zusammenarbeit mit Kieferchirurgen konnte mittlerweile ein gut verträgliches, hochwertiges Produkt entwickelt werden, das der Forderung nach Kostensenkung für den Gebißträger Rechnung trägt. Es handelt sich dabei um eine Prothese, die wahlweise oben oder unten getragen werden kann, wobei das potentielle Vorhandensein noch gesunder Zähne, die in situ belassen werden können, unrelevant ist. Da der Patient in jedem Fall nur e i n e Prothese bekommt, ergibt sich für ihn eine Kostenersparnis von nahezu 50%.

Bitte teilen Sie mir mit, ob Ihrerseits Interesse an der Produktion dieser neuen Form eines Zahnersatzes vorliegt! Gegebenenfalls lasse ich Ihnen dann gerne Unterlagen mit näheren Informationen zukommen.

Mit vorzüglicher Hochachtung

Dr. Reinhold Schaffratl

Sehr geehrter Hr. Dr.

Da ich Ihre Telephon. nicht hatte bin ich gleich zu Ihnen gefahren in der Hoffnung mit Ihnen sprechen zu können. Unser Interesse bezüglich Ihrer Prothesenherstellung. Bitte rufen Sie mich unter der Telephonnr. an

MIT BESTEN EMPFEHLUNGEN

0663 / 82 53 19

ÖSTERR. WIPLA-LABORATORIEN

WIEN GRAZ INNSBRUCK

Andreas [illegible]

6. März 2003

An das
Sägewerk
der Zisterzienserabtei
Stift Heiligenkreuz
2532 Heiligenkreuz

Betrifft: Holzsägen

Sehr geehrte Herren,

seit einiger Zeit bin ich - wahrscheinlich infolge Bewegungsmangels (ich sitze viel am Schreibtisch) - übergewichtig. Ich wiege um fast 5 Kilo zu viel.

Dem Buch "Die gesunde Küche" von Sabine Schönberg, S. 284 (s. Anlage) entnehme ich, dass man für eine Stunde Holzsägen 430 Kalorien benötigt. Holzsägen scheint also ein probates Mittel zum Abbau von körpereigenem Fett zu sein.

Ich erlaube mir daher anzufragen, ob bei Ihnen die Möglichkeit besteht, zur Reduzierung meines Körpergewichtes fallweise einige Stunden Holz zu sägen, zumal mir Holzsägen in geistlicher Umgebung psychisch und physisch mehr Erfüllung bedeuten würde als z.B. Rudern (s. ebenfalls Anlage).

Für eine wohlwollende Prüfung meines Anliegens danke ich Ihnen im Voraus.

Mit freundlichen Grüßen

Dr. Reinhold Schaffrath

SCHLANK WERDEN — SCHLANK BLEIBEN　　　Methode der 10 Prozent

| Tätigkeit | dazu benötigte Kalorienmenge | enthalten z. B. in |
|---|---|---|
| 1 Stunde gemächlich gehen | rd. 120 | 2 Stück Würfelzucker, 150 g Kartoffeln |
| 1 Stunde rudern | 200 | 45 g Zwieback, 2 Brötchen (Semmeln) |
| 1 Stunde schwimmen | 300 | 1 Portion Vanillepudding<br>1 kleine Portion Schlagobers |
| 1 Stunde Holzsägen | 430 | ½ Portion Bohnen mit Speck<br>90 g Marzipan, 100 g Pralinen |

aus: Sabine Schönberg: Die gesunde Küche
Verlag Andreas & Andreas, Salzburg 1978

Stift Heiligenkreuz

Forstverwaltung Heiligenkreuz, A-2532

forstverwaltung@stift-heiligenkreuz.at
www.stift-heiligenkreuz.at
Telefon : 02258/8706
Telefax : 02258/8709
UID-Nr.: ATU 16294702

Herrn
Dr.Reinhold Schaffrath

XXXXXXXXXXX
XXXXXXXXXX

| Ihr Zeichen | Ihre Nachricht vom | Unser Zeichen | A-2532 Heiligenkreuz |
|---|---|---|---|
| | | | **13.03.2003** |

Betrifft: Ihre Anfrage um Holzsägen;

Sehr geehrter Herr Doktor !

Ich bedauere Ihnen keine Möglichkeit zum Holzsägen anbieten zu können.
Da derzeit Fastenzeit ist, ein guter Tip : FDH + Bewegung !

Mit freundlichen Grüßen

Forstdirektor Dipl.Ing.Manfred Ertl

An die
Weight Watchers GesmbH
Dr. Karl Lueger-Ring 8
**1010 Wien**

6. 11. 1995

**Betr.:** Körpergewichtsänderung

Sehr geehrte Damen und Herren !

Neben meinem akademischen Beruf übe ich fallweise noch eine Tätigkeit als Opernsänger aus, jetzt allerdings nicht mehr so oft wie früher. Von einem großen deutschen Theater erhielt ich nun das Angebot, im Herbst 1996 in einer Neuinszenierung der Oper "Die lustigen Weiber von Windsor" von Otto Nicolai die Rolle des Falstaff zu übernehmen.

Bei einer Vorbesprechung betonte der Regisseur, daß ich zur Steigerung der komischen Wirkung in meiner Rolle als möglichst korpulent erscheinende Person aufzutreten hätte. Dieser Effekt läßt sich bei schlanken Sängern durch Vorbinden eines Kissens, das unter dem Kostüm getragen wird, normalerweise leicht erreichen. Da ich aber mit einem derartigen Hilfmittel vor einigen Jahren in einer anderen Rolle (van Bett in der Oper "Zar und Zimmermann") schlechte Erfahrungen gemacht habe - das Kissen verrutschte mehrmals - , habe ich mich diesmal zur Erreichung einer rollenadäquaten Erscheinung für eine andere Methode entschieden: Ich möchte versuchen, durch intensives Essen mein derzeitiges Körpergewicht von ca. 80 kg auf 120 kg zu erhöhen. Bei meiner Größe von 172 cm würde ich mit dem angestrebten Gewicht sicherlich dem Wunsche des Regisseurs, auch durch mein Aussehen komische Wirkung zu erzielen, entsprechen können.

Nun zu meinem Anliegen: Ich habe gehört, daß Sie Menschen mit dem Bedürfnis nach einer Körpergewichtsveränderung betreuen. Da ich befürchte, daß mein geschildertes Vorhaben für mich in gesundheitlicher Hinsicht (körperlich und psychisch) problematisch sein könnte, würde ich mich gerne bei der Realisierung Ihnen anvertrauen.

Ich bitte höflich um Mitteilung, mit welchen Kosten ich für die Betreuung meiner Gewichtszunahme durch Ihr Unternehmen rechnen muß sowie um Zusendung entsprechender Unterlagen.

Im voraus besten Dank für Ihre freundlichen Bemühungen sowie Ihre baldige Stellungnahme.

Mit freundlichen Grüßen

Dr. Reinhold Schaffrath

14. 11. 1995

An die
Weight Watchers GesmbH
Dr. Karl-Lueger-Ring 8
1010 Wien

Betr.: Körpergewichtsänderung

Sehr geehrte Damen und Herren !

In Ergänzung zu meinem Schreiben vom 6. 11. 1995 betreffend Gewichtszunahme teile ich Ihnen mit, daß mir mein Arzt, dem ich erzählte, daß ich 40 kg zuzunehmen beabsichtige, dringend von meinem Vorhaben abgeraten hat, zumal ich bereits leicht übergewichtig sei.

Ich habe mich daher entschlossen, nur 20 kg zuzunehmen und bitte Sie - falls nötig - auch unter diesen etwas geänderten Bedingungen um Betreuung.

Für eine baldige Beantwortung meiner beiden Briefe danke ich Ihnen im voraus.

Mit freundlichen Grüßen

Weight Watchers®

Dr. Reinhold Schaffenrath
XXXXXX
XXXXXXXXXXX

Wien, am 3. 1. 1996

Betreff: **Ihre Schreiben bezüglich Gewichtszunahme**

Sehr geehrter Herr Dr. Schaffenrath !

Wir bedauern, daß wir Ihre Schreiben erst heute beantworten.
Ihrem, wie Sie verstehen können, für uns außergewöhnlichen Wunsch, eine beträchtliche Gewichtszunahme zu „betreuen" stehen wir ablehnend gegenüber.

Eine Gewichtszunahme, in dem von Ihnen gewünschten Ausmaß, ist eine eindeutige gesundheitliche Gefährdung - die wir - bei allem künsterlischem Verständnis - nur ablehnen können. Wir empfehlen Ihnen für den Falstaff einen guten Kostümbildner und eine gute Maske zu fordern und weiterhin schlank und rank zu bleiben.

Mit den besten Wünschen für ein erfolgreiches 1996 und toi, toi, toi für den Falstaff

mit vorzüglicher Hochachtung

Eveline Hejlek
Geschäftsleitung

Anlage:
Weight Watchers Wellness Mitglieder Magazin

7. 7. 1995

Betr.: Buchbestellung

Hiermit bestelle ich 1 Exemplar:

Kruse: Abdominale Operationen. Ein Kompendium für Nichtmediziner. Band 4. Verlag Gustav Fischer, Stuttgart 1973.

Ich bitte höflich um umgehende Erledigung, da ich glaube, den Grund für meine Koliken im Unterbauchbereich zu wissen, es aber ablehne, mich ärztlich betreuen zu lassen.

Besten Dank im voraus für Ihre Mühe.

Mit freundlichen Grüßen

Dr. Reinhold Schaffrath

---

Wien, den 17.7. 1995

Sehr geehrte(r) Herr Doktor !

Wir danken Ihnen für Ihren Auftrag vom 7.7.95

Ihre Bestellung über: Kruse, Abdom.Operationen Band 4

Der Titel ist leider vergriffen. Keine Neuauflage !
Ihre Bestellung wird abgelegt !

wird Ihnen sofort nach Eintreffen/Erscheinen zugehen.

Voraussichtliches Eintreffen:

Ist soeben eingetroffen und abholbereit!

Das Werk ist vergriffen!

Eine Neuauflage/Nachdruck erscheint nicht. Termin:

Ihr Auftrag wurde nicht vorgemerkt.

Mit freundlichen Grüßen

WILHELM MAUDRICH
Universitätsbuchhandlung für medizinische Wissenschaften
1096 WIEN, Spitalgasse 21A
Telefon: 40 24 712 — Fax: 40 85 080

An die
Fernuniversität
Feithstr. 140

D-58097 HAGEN

6. 6. 1995

Betr.: Fernstudium Medizin

Einer englischen Wochenzeitung entnahm ich, daß Sie die Möglichkeit, das Medizinstudium auch als Fernstudium zu absolvieren, anbieten.

Diese Information hat mich doch sehr überrascht, zumal ich meine, daß einige Studienabschnitte kaum in häuslicher Umgebung ordnungsgemäß erledigt werden können.

Ich erlaube mir als Beispiel die Erwähnung der vorgeschriebenen anatomischen Präparierübungen: Wie wird die Zustellung der dazu erforderlichen Präparate organisiert? Selbst wenn der Studierende über entsprechende Kühlmöglichkeiten im eigenen Hause verfügt, wer gewährleistet dessen Sorgfalt bei der Beachtung aller hygienischen und seuchengesetzlichen Maßnahmen?

Der Gedanke, daß man den diese Maßnahmen betreffenden Bestimmungen in Deutschland weniger strenge Bedeutung beimessen könnte, erfüllt mich mit großer Besorgnis.

Für eine baldige Stellungnahme wäre ich Ihnen daher dankbar.

Mit vorzüglicher Hochachtung

Dr. Reinhold Schaffrath

**FernUniversität**
-Gesamthochschule- in Hagen

**Der Kanzler**

FernUniversität - Gesamthochschule D - 58084 Hagen

Konkordiastraße 5
D -58084 Hagen

Herrn
Dr. Reinhold Schaffrath
XXXXXXXXX
XXXXXXXXXXX

| Ihr Zeichen/Schreiben vom | Mein Zeichen/Auskunft erteilt | Telefon 02331/987– | Hagen, |
|---|---|---|---|
| | - Schu/Me - | 2497 | 17.07.1995 |

**Fernstudium Medizin**
**Ihr Schreiben vom 06.06.1995**

Sehr geehrter Herr Dr. Schaffrath,

die Nachricht der englischen Wochenzeitschrift über die Möglichkeit des Medizinstudiums an der FernUniversität - Gesamthochschule in Hagen, von der Sie in Ihrem o.g. Schreiben berichten, kann nur auf einem Irrtum beruhen. Ein Medizinstudium an der FernUniversität existiert nicht, da hierzu die Voraussetzungen fehlen. Die Gründung einer medizinischen Fakultät an der FernUniversität ist - unabhängig von der Einschätzung der organisatorischen Möglichkeiten zur Durchführung eines Medizinstudiums im Fernstudium - zumindest in absehbarer Zeit nicht geplant.

Ich hoffe, Ihnen mit dieser Information gedient zu haben und verbleibe

mit freundlichen Grüßen
Im Auftrag

Dr. M. Schubeius

15. Dezember 1996

Firma
Hoffmann-La Roche
Jacquingasse 16-18
1030 Wien

Betrifft: Anfrage zu "Filmtabletten"

Sehr geehrte Damen und Herren!

Seit geraumer Zeit leide ich beim Betrachten von bestimmten Filmen unter Übelkeit. Auch die Anschaffung eines neuen Fernsehgerätes mit verbesserter Bildqualität und größerer Programmauswahlmöglichkeit änderte daran nichts.

Da ich aus beruflichen Gründen kaum Zeit für Arztbesuche habe und es in unserem kleinen Ort nicht einmal eine Apotheke gibt, wo man mich medizinisch beraten könnte, erlaube ich mir, mich mit meinem Problem direkt an Sie zu wenden.

Bei einem Bekannten sah ich neulich eine - offensichtlich von Ihrer Firma vertriebene - Schachtel mit der Aufschrift **Supradyn** - Filmtabletten. Wegen meines etwas indiskreten Blickes auf das Medikament wollte ich meinen Bekannten natürlich nicht nach der Wirkung fragen. Daher bitte ich Sie höflich um Mitteilung, ob ich mit der Annahme recht habe, daß die Bezeichnung "Filmtabletten" ein Hinweis darauf ist, daß das Medikament zur Beseitigung oben geschilderter Beschwerden eingesetzt werden kann. Mein Bekannter ist übrigens auch Besitzer eines Fernsehapparates...

Für Ihre freundlichen Bemühungen danke ich Ihnen im voraus.

Mit vorzüglicher Hochachtung

Dr. Reinhold Schaffpatl

Roche

HOFFMANN-LA ROCHE WIEN
Gesellschaft m.b.H.
Consumer Health Division

Dr. Reinhold Schaffrath
XXXXXX
XXXXXXXXXXX

Wien, 21. Januar 1997

**Anfrage SUPRADYN**

Sehr geehrter Herr Dr. Schaffrath!

SUPRADYN ist ein Multivitaminpräparat, das 12 Vitamine, 4 Mineralien und 3 Spurenelemte enthält. Jeder dieser Wirkstoffe ist in Supradyn in der Menge enthalten, lt. Weltgesundheitsorganisation WHO, die der Körper täglich braucht.

Vitamine können vom Körper nur zu einem sehr geringen Teil selbst hergestellt werden und sollen daher von außen zugeführt werden vor allem in „Zeiten wie diesen" (wenig frisches Obst und Gemüse, erhöhte Anforderungen an den Körper). Supradyn erhalten Sie als Brause- oder Filmtablette rezeptfrei ausschließlich in Ihrer Apotheke

Vitamine spielen bei zahlreichen Vorgängen im Körper eine wesentliche Rolle. So wirken sie bei der Bildung und Erneuerung von Körpergewebe mit und haben einen positiven Einfluß auf das Immunsystem.

Sollte keine Besserung Ihres Zustandes eintreten,bitten wir Sie,Ihre Beschwerden, sobald es Ihre Zeit erlaubt,mit einem Arzt zu besprechen, da wir keine Diagnose aus der Ferne stellen können.

Mit freundlichen Grüßen

HOFFMANN-LA ROCHE Wien
Gesellschaft m.b.H.
CONSUMER HEALTH DIVISION

Mag. Reingard Sand

i.V. Sylvia Urbanek-Roth — i.V. Mag. Reingard Sand

1. Juli 1995

Liebe Gertrud!

Endlich komme ich dazu, Dir zum erfolgreichen Abschluß Deiner Facharztausbildung zu gratulieren. Wie Du weißt, hielt ich mich 5 Wochen in Borneo auf.

Ich nehme an, mein Kartengruß hat Dich mittlerweile erreicht, in dem ich Dir auch von dem kleinen Orang-Utan berichtete, den ich dort zu betreuen das Vergnügen hatte. In diesem Zusammenhang möchte ich Dir, liebe Gertrud, eine Mitteilung machen, die Du kaum glauben wirst. Ich konnte das Tier erwerben und ohne jede Probleme nach Österreich bringen. Tatsächlich ist es mir gelungen, das Tier in einer großen Reisetasche in Brunei, Frankfurt und Wien unbemerkt durch die Flughafenkontrollen zu bringen. Während des langen Fluges von Brunei nach Frankfurt hat der kleine Orang-Utan fast ständig geschlafen, so daß weder Flugzeugbesatzung noch Mitpassagiere etwas von dem „blinden Passagier" bemerkt haben. Ich bitte Dich, über den Import unseres neuen Lieblings nicht zu reden, damit ich nicht mit irgendwelchen Behörden Ärger bekomme (Artenschutzsachverständige, Zoll, Amtstierarzt usw.).

Inzwischen turnt unser neuer Hausgenosse – wir nennen ihn „Climbo" – überall im Haus fröhlich herum, wobei er vor allem die Querbalken im großen Zimmer unter dem Dach bevorzugt. Aber Du wirst ihn ja bald kennenlernen, wenn Du uns mit Deiner lieben Familie hoffentlich bald wieder einmal besuchst. Dann kann ich auch eine interessante Diavorführung über Borneo präsentieren.

Als kleines Trostpflaster für die verspätete Gratulation zu Deinem Facharztabschluß werde ich Dir demnächst ein neuerschienenes Buch zum Thema „Die vaginalen Operationen" zukommen lassen. Ich werde in den nächsten Tagen eine Wiener Fachbuchhandlung veranlassen, Dir dieses direkt zuzuschicken. Da ich weiß, daß Du Dich auf diesem spezifischen Gebiet weiterentwickeln möchtest, hoffe ich, Dir damit eine kleine Freude zu machen.

Viele liebe Grüße, auch an Helmut und die Kinder

Dein Reinhold und Deine Brigitte

**Urban & Schwarzenberg**
**Buchhandlung für Medizin**

URBAN & SCHWARZENBERG, POSTFACH 102, A-1096 WIEN

Herrn Dr.Reinhold Schaffrath

XXXXXX
XXXXXXXX

Wien 7.7.1995

Sehr geehrter Herr Doktor!

Mit heutiger Post erhielten wir von Ihnen einen Brief.Nach Einsichtnahme mußten wir feststellen, daß der Inhalt wahrscheinlich vertauscht wurde. Anbei senden wir Ihnen Ihr Kuvert mit Inhalt zurück und ersuchen Sie, den für uns bestimmten Inhalt an uns zu senden.

Wir wünschen Ihnen mit Ihrer neuen Errungenschaft viel Freude und zeichnen

mit freundlichen Grüßen
URBAN & SCHWARZENBERG

Urban & Schwarzenberg
Buchhandlung für Medizin
A-1096 Wien, Frankgasse 4
Tel. 42 27 31 (Ecke Garnisongasse)

# IV. „Fluglinien empfehlen, auch während des Fluges angeschnallt zu bleiben . . .“

Briefe im Zusammenhang
mit Reisen

10. Oktober 1998

An die
Stadtverwaltung
der Stadt Aurich
Fischteichweg 10

D-26603 Aurich

Betrifft: Anfrage bezüglich Brauchtum in der Region Aurich

Sehr geehrte Damen und Herren !

Im Zuge einer geplanten Reise nach Deutschland habe ich auch einen Besuch der Stadt Aurich vorgesehen und bei meinen diesbezüglichen Vorbereitungen bereits festgestellt, daß man in Aurich eine schöne Fürstenresidenz aus dem 18. Jahrhundert besichtigen kann, ferner bemerkenswerte Altstadtsanierungen. Ubstallboom, die alte Thingstätte, steht ebenfalls auf meinem Programm.

Auch habe ich herausgefunden, daß Aurich einen besonderen landwirtschaftlichen Mittelpunkt der Region bildet, und ich freue mich darauf, die schwarzweißen Kühe zu sehen, die das Landschaftsbild um Aurich mitprägen sollen.

Nun zu meiner Anfrage, die mit meinem speziellen Interesse am bodenständigen Brauchtum zusammenhängt: Ich gehe einmal davon aus, daß auch bei Ihnen die Kühe zu Beginn der kalten Jahreszeit von ihren höher gelegenen Weideplätzen in die Ställe der Bauern geführt werden, damit sie den Winter unbeschadet überstehen. Da ich das Erleben eines derartiges Ereignisses, das sicherlich auch bei Ihnen noch mit diversem Brauchtum verbunden ist, in Norddeutschland zeitlich mit meinem Besuch Ihrer schönen Stadt verbinden möchte, bitte ich Sie daher höflich um Mitteilung, wann (und wo) ich in den nächsten Wochen in der Umgebung von Aurich einen Almabtrieb beobachten kann.

Für eine baldige Beantwortung meiner Anfrage und Ihre freundlichen Bemühungen danke ich Ihnen im voraus.

Mit freundlichen Grüßen

# STADT AURICH (Ostfriesland)

Der Bürgermeister

Bgm.-Hippen-Platz 1

Stadtverwaltung · Postfach 17 69 · 26587 Aurich

Eingang Fischteichweg 10

Herrn
Dr. Reinhold Schaffrath
XXXXXXXXX
XXXXXXXXXXXXXXXXX

| | |
|---|---|
| Bearbeitet von | Frau Behrends |
| Zimmer Nr. | 225 |
| ☎ (0 49 41) 12-0 | Telefax (0 49 41) 1 22 14 |
| Durchwahl Nr. 12- | 301 |
| Sprechzeiten: Mo. – Mi. | 8.00 – 15.30 Uhr |
| Do. | 8.00 – 18.00 Uhr |
| Fr. | 8.00 – 12.30 Uhr |

| Datum und Zeichen Ihres Schreibens | (Bitte bei Antwort angeben) Mein Zeichen | Aurich, den |
|---|---|---|
| Schr. v. 10.10.98 | 13 | 19.10.98 |

Sehr geehrter Herr Dr. Schaffrath,

Ich freue mich, daß Sie planen Deutschland zu besuchen und damit verbunden auch unser schönes Ostfriesland.

Aurich hat in der Tat viele Sehenswürdigkeiten, ich habe mir erlaubt diesem Schreiben einen Stadtplan beizulegen, dem Sie vielleicht noch den einen oder anderen Hinweis entnehmen können.

Zu Ihrer Anfrage bezüglich des Almabtriebs muß ich Ihnen mitteilen, daß es diesen Brauchtum in dem Ihnen bekannten Sinne nicht gibt. Hierzulande werden die Kühe spätestens bis zum 11.11. e.J., je nach Witterung, in Ihre Ställe gebracht. Da Ostfriesland nur über ebenes Gelände verfügt, gibt es den Almabtrieb bei uns nicht.

Ich hoffe Ihnen mit diesen Angaben geholfen zu haben, wünsche Ihnen einen angenehmen und erholsamen Aufenthalt in der" grünen Stadt im Herzen Ostfriesland " und verbleibe

mit freundlichen Grüßen
Im Auftrag

Behrends

Behrends

2. 10. 1995

An die
Direktion
des Hotels Sheraton
5020 Salzburg

Sehr geehrte Damen und Herren !

Vor ca. 8 Jahren wohnte ich für einige Tage in Ihrem Hotel. Ich erinnere mich, daß ich mich bei Ihnen sehr wohlgefühlt habe und von Ihrem Personal aufmerksam betreut wurde.

Umso unangenehmer empfinde ich die Verpflichtung, Ihnen diesen Brief schreiben zu müssen. Es geht um Folgendes: Bei Aufräumarbeiten in meinem Arbeitszimmer fand ich gestern beiliegenden Briefbogen ungewöhnlichen Formates. Ich befürchte, diesen Bogen damals aus Ihrer Briefmappe im Gästezimmer irrtümlich mitgenommen zu haben. Vielleicht wollte ich einen Brief schreiben, habe es aber dann doch unterlassen und legte das Blatt versehentlich in meinen Aktenkoffer. Da man davon ausgehen muß, daß das durch Ihren Service den Gästen großzügig zur Verfügung gestellte Briefpapier zum Schreiben von Briefen dient und nicht zur Mitnahme in unbenutztem Zustand, war mein Handeln unkorrekt. Ich bitte Sie daher höflich, mein (nicht vorsätzliches) Vergehen mit Nachsicht zu beurteilen.

Sollte der Briefbogen wider Erwarten doch nicht aus Ihrem Hotel stammen, bitte ich Sie, mir diesen zurückzusenden, daß ich weiter nach dem Eigentümer forschen kann.

Für Ihre freundlichen Bemühungen sowie für Ihr Verständnis danke ich Ihnen im voraus.

Mit freundlichen Grüßen

Dr. Reinhold Schaffrath

Anlage: Briefbogen

Sheraton Salzburg

AUSTRIA

ITT SHERATON LUXURY COLLECTION

STAATLICHE AUSZEICHNUNG

EXECUTIVE OFFICE

HEINZ K. HUBER

GENERALDIREKTOR · GENERAL MANAGER
COUNTRY MANAGER AUSTRIA & HUNGARY

Herrn
Dr. Reinhold Schaffrath
XXXXXXXXXXXXX
XXXXXXXXXXXXXX

Salzburg, 31.Oktober 1995
HKH/emm

Sehr geehrter Herr Doktor Schaffrath !

Für Ihren überaus liebenswürdigen Brief vom 2.Oktober dJ darf ich mich ganz herzlich bedanken und möchte mich zugleich für die ziemlich verspätete Antwort entschuldigen.
Es freut mich sehr zu hören, daß Sie sich bei Ihrem Aufenthalt in unserem *SHERATON SALZBURG* wohlgefühlt haben und von unseren Mitarbeitern aufmerksam betreut wurden.

Nun zum Grund Ihres Briefes !
*Besagter Briefbogen stammt nicht aus unserem Haus und ich retourniere diesen beiliegend - wie von Ihnen gewünscht - in der Anlage.*

Auch möchte ich mich dafür bedanken, daß Sie sich die Zeit genommen haben mich von Ihrem positiv verlaufenen Aufenthalt hier bei uns zu informieren.

Als kleines *"Dankeschön"* übersenden wir Ihnen eine *Mappe mit Salzburg Aquarellen*, die Ihnen hoffentlich viel Freude machen wird und die Erinnerung an Salzburg ein bisschen auffrischen soll.

Ich würde mich außerordentlich freuen Sie, *sehr geehrter Herr Doktor Schaffrath*, wieder einmal bei uns willkommen heissen zu dürfen und verbleibe mit den besten Grüssen aus der *Mozartstadt*,

Ihr
SHERATON SALZBURG*****

Heinz K.Huber

19. Januar 2003

An
Austro Control GmbH
Schnirchgasse 11
1013 Wien

Betrifft: Turbulenzen

Sehr geehrte Damen und Herren!

Als häufiger Fluggast bin ich mit dem vielfältigen Leistungsangebot der Österreichischen Luftlinien an und für sich sehr zufrieden. Nur in einem Punkt könnte meines Erachtens bei etwas gutem Willen seitens der Piloten eine Verbesserung erzielt werden, um den Fluggästen ein noch komfortableres Reisen zu sichern.

Mir fällt auf, dass - insbesondere bei langen Flügen - immer wieder einmal die Anweisung *FASTEN SEAT BELT* aufleuchtet. Kurz danach wird der Flug meistens unruhig: Das Essen findet kaum noch den Weg in den Mund, der Rotwein im Glas schwappt bedrohlich, Schläfer wachen auf..., kurz: die ursprüngliche Bequemlichkeit ist zerrüttet. Muß das sein, findet doch die beschriebene Abwechslung während des Fluges sicherlich nicht bei jedem Passagier uneingeschränkte Zustimmung?

Ich erlaube mir daher, Ihnen den Vorschlag zu machen (natürlich ausgenommen beim Starten und Landen) *FASTEN SEAT BELT* während des Fluges nicht mehr einzuschalten, weil durch den Einschaltvorgang offensichtlich Turbulenzen ausgelöst werden können und bitte um entsprechende Weiterleitung meines Anliegens an die Piloten.

Ich hoffe, Ihnen mit meiner Anregung im Interesse Ihrer Fluggäste gedient zu haben und danke Ihnen im Voraus für Ihre Mühe. Über eine kurze Stellungnahme bei Gelegenheit würde ich mich freuen.

Mit freundlichen Grüßen

austro CONTROL

Dr. Reinhold Schaffrath
XXXXXXXXXX
XXXXXXXXXXXXXX

Wien, am 24.1.2003

Sehr geehrter Dr. Schaffrath!

Bezugnehmend auf Ihr Schreiben vom 19.1.2003, dürfen wir Ihnen folgende Stellungnahme übermitteln:

Fluglinien empfehlen, auch während des Reisefluges angeschnallt zu bleiben, da es zu unvorhergesehener „Clear Air Turbulence“ (tritt nicht in Verbindung mit Wolken auf und ist daher schwer vorherzusagen), „Wake Turbulence“ (verursacht durch Wirbelschleppen eines vorher fliegenden Flugzeuges) als auch Ausweichmanövern kommen könnte. Dabei ist das Auftreten von G-Kräften möglich, die im Einzelfall schon des öfteren zu Verletzungen von Passagieren und Flugbegleitern geführt haben.

Wir hoffen, Ihnen mit dieser Stellungnahme hilfreich gewesen zu sein!

Mit freundlichen Grüßen

Mag. Peter Schmidt
Austro Control

An die
Gemeinde

24. 5. 1995

D-9572 Deutsch Griffen

Touristeninformation

Betr.: Bitte um Zusendung von
Informationsmaterial

Sehr geehrte Damen und Herren !

Als Kunsthistoriker ist mir bekannt, daß es in Ihrem Ort sehenswerte Sakralbauten gibt (Pfarrkirche, gotischer Karner). Auch würde ich gerne einmal - wenn möglich - einen der schönen alten Bauernhöfe besichtigen.

Meine Besichtigungsreise möchte ich mit einem kurzen Erholungsurlaub verbinden, zumal Deutsch Griffen aufgrund der Höhenlage ja sicherlich ein gesundes Klima bietet. Besteht die Möglichkeit, eventuell auch ein wenig meine Lieblingssportarten (Tennis, Reiten) auszuüben?

Ich würde mich freuen, wenn Sie mir Informationsmaterial über Ihren Ort zukommen ließen.

Da ich (sie werden es kaum glauben) noch nie im Ausland war, bitte ich Sie höflich um Mitteilung, ob für die Einreise nach Deutsch Griffen mein österreichischer Führerschein reicht oder ob Sie auf dem Vorweisen eines gültigen Reisepasses bestehen.

Für Ihre freundlichen Bemühungen danke ich Ihnen bestens im voraus.

Mit freundlichen Grüßen

Dr. Reinhold Schaffrath

# GEMEINDE DEUTSCH-GRIFFEN

9572 Deutsch-Griffen, Bezirk: St. Veit a.d. Glan
Telefon: 04279/7275, Telefax: 04279/7275-22

Deutsch-Griffen, 30. Mai 1995

Herrn
Dr. Reinhold Schaffrath

XXXXXXXXXXXX
XXXXXXXXXXXXXXXX

Herzlich Willkommen in Deutsch-Griffen!

Wir bedanken uns für Ihre freundliche Anfrage, sehr geehrter Herr Dr. Schaffrath und freuen uns, daß Sie Ihren Urlaub bei uns verbringen werden!

Da Deutsch-Griffen in der Kultur- und Naturlandschaft der Nockberge liegt, bietet es ein gesundes Klima und ermöglicht einen erholsamen Urlaubsaufenthalt.

Es besteht natürlich auch die Möglichkeit, Tennis zu spielen und dem Reitsport zu frönen.

Da Deutsch-Griffen in Kärnten (Naturpark Gurktal) und nicht in Deutschland liegt ist selbstverständlich kein Reisepaß erforderlich

Wählen Sie aus dem beigelegten Informationsmaterial das Feriendomizil Ihres Geschmackes und buchen Sie direkt beim Vermieter!

Für weitere Fragen oder Auskünfte stehen wir Ihnen gerne zur Verfügung.

Mit freundlichen Grüßen

Angelika Kraßnitzer

Gemeinde Deutsch-Griffen

An das
Reisebüro Unirop GesmbH
Singerstr. 4

1010 Wien

4. 9. 1995

Betr.:

Reise nach Portugal (18.8.-1.9.)

Sehr geehrte Damen und Herren !

Ein Bekannter berichtete mir von einer Reise nach Portugal, die er bei Ihrem Reisebüro gebucht hatte. Er zeigte mir zahlreiche Fotos, die an der Algarve aufgenommen worden waren, und gab mir einige Prospekte örtlicher Reiseunternehmen. (Er selbst hatte es vorgezogen, das Land mittels Mietwagen zu erkunden.)

Einem Prospekt (s.Beilage) entnahm ich die Existenz eines Sklavenmarktes in Lagos (Reise Nr.1001 "Historische Algarve"). Dieser Ausflug war für mich und meine Frau der Anlaß für das Buchen einer Reise an die Algarve im oben erwähnten Zeitraum. In unserem Hotel eingetroffen, fieberten wir voller Ungeduld jenem besagten Tagesausflug entgegen, da wir - der vielen Haus- und Gartenarbeit überdrüssig - den Entschluß gefaßt hatten, in Lagos einen Sklaven mittleren Alters zu kaufen bzw. zu ersteigern.

Wie groß war jedoch unsere Enttäuschung, als wir in Lagos feststellen mußten, daß in jenem loggia-artigen Gebäude, das man als Sklavenmarkt präsentierte, kein einziger Sklave feilgeboten wurde.

War also unsere Reise nach Portugal ein Flop? Nicht ganz, denn man kann einem Aufenthalt an der Algarve einen gewissen Erholungswert nicht absprechen. Auch genossen wir die Annehmlichkeiten des komfortablen Hotels Alfamar.

Dennoch bitte ich Sie höflich um Prüfung der Möglichkeit der Zahlung einer Entschädigung, zumal ja der ursprüngliche Zweck der Reise - wie oben beschrieben - ein anderer war. Auch wenn die Irreführung des Ausflugs 1001 (Mega Tur) außerhalb Ihrer Kompetenz lag, bin ich überzeugt, Sie finden im Kulanzweg eine Möglichkeit, Ihre Kunden zufriedenzustellen.

Besten Dank im voraus für eine wohlwollende Prüfung meines Anliegens

Mit freundlichen Grüßen

Dr. Reinhold Schaffrath

unirop
R E I S E N
UNIROP Ges. m.b.H., A-1060 Wien, Mariahilfer Straße 47/1/5

Telex: 111536
Fax: 0222/58987-55
Tel.: 0222/58987-0

Herr
Dr. Reinhold Schaffrath
XXXXXXXXXXXX
XXXXXXXXXXXXXXXXX

Wien, 19.09.95

<u>Betrifft:</u>Portugalreise, 18.08. - 01.09.1995

Sehr geehrter Herr Dr. Schaffrath!

Wir danken für Ihr Schreiben vom 11. September 1995.

Wir freuen uns, daß Sie Ihren Aufenthalt im Hotel Alfamar genossen haben und erholt nach Wien zurückgekehrt sind. Selbstverständlich werden wir Ihr Lob auch gerne an unsere Partneragentur und an das Hotel weiterleiten.

Bezüglich des Ausfluges zum Sklavenmarkt müssen wir Ihnen leider mitteilen, daß wir zu der örtlichen Agentur Mega Tur keinerlei Kontakte pflegen und deshalb Ihre Anregungen nicht weiterleiten können. Wir danken für Ihr Verständnis in dieser Angelegenheit.

Wir würden uns freuen, Sie vielleicht auf einer unserer weiteren Reisen nach Portugal begrüßen zu dürfen und verbleiben

mit freundlichen Grüßen

Margit Srubar
UNIROP Reisen

30. 7. 1995

An die
Stadtverwaltung
Berliner Platz 8
D 48127 Münster
Ordnungsamt

Sehr geehrte Damen und Herren!

Als Kunsthistoriker ist mir bekannt, daß Münster und seine Umgebung zahlreiche bemerkenswerte Sehenswürdigkeiten zu bieten hat.

Aus diesem Grunde habe ich für die Zeit vom 2. bis zum 10. September dieses Jahres eine Besichtigungsreise in Ihre schöne Stadt geplant.

Selbstverständlich habe ich bereits begonnen, mich auf diese Reise entsprechend vorzubereiten. So habe ich mittlerweile herausgefunden, daß es in der Umgebung schöne Wasserburgen gibt und daß am Turm der Lambertikirche noch immer die Wiedertäuferkäfige hängen. Daß Annette von Droste-Hülshoff in Münster geboren wurde und daß im Friedenssaal des gotischen Rathauses 1648 der Westfälische Friede geschlossen wurde, war mir selbstverständlich schon früher bekannt. Auch einige Originalitäten soll es in Münster geben, wie Altbier bei Pinkus Müller und das „Cavete“ mit dem Pianisten Onkel Heinz.

Im Zuge meiner – wie Sie sehen – gründlichen Reisevorbereitungen ließ ich mir auch einen Stadtplan zukommen. In diesem Zusammenhang habe ich nun eine Frage: Aus dem Plan entnehme ich das Vorhandensein einer Umgehungsstraße. Da diese offensichtlich relativ lang ist, und diese wie der Name (Um**gehung**sstraße) sagt, zum Gehen vorgesehen ist, bitte ich Sie um Auskunft, ob diese Straße eventuell ausnahmsweise auch befahren werden darf, zumindest mit dem Fahrrad.

Für eine baldige Antwort – wenn möglich noch vor meiner Abreise – danke ich Ihnen im voraus. Ein Paar Jogging-Schuhe für die Umgehungsstraße werde ich auf jeden Fall im Gepäck haben ...

Mit freundlichen Grüßen

Dr. Reinhold Schaffrath

DER OBERSTADTDIREKTOR

**STADT MÜNSTER**

Postanschrift: Stadt Münster · 48127 Münster

Ordnungsamt–Straßenverkehrsabt.
Berliner Platz 8
Auskunft erteilt:
Herr Bolze, Zi. 304
Telefon: 492–32 81
Telefax: 492–7721
Sprechzeiten:
Mo - Fr. 08.00 – 12.00
Do. 15.00 – 18.00

Herrn
Dr. Reinhold Schaffrath
XXXXXXXXXXX
XXXXXXXXXXXXXX

Münster, 10. August 1995/Mi.

Datum und Zeichen Ihres Schreibens: 30.07.1995
Mein Zeichen (bitte angeben): 32 5 7100/U

Sehr geehrter Herr Dr. Schaffrath,

Sie haben in Ihrem Schreiben schon einige Sehenswürdigkeiten, Eigenarten und Schönheiten der Stadt Münster und deren Umgebung aufgeführt. Ich kann Ihnen versichern, daß es weitere lohnenswerte Ziele in der Stadt gibt. Deshalb kann ich nur abraten, die Umgehungsstraße zu benutzen und an Münster vorbeizufahren.

Die Umgehungsstraße dürfen Sie mit dem Fahrrad nicht befahren. Es handelt sich um eine Kraftfahrstraße, die nach der Straßenverkehrsordnung (StVO) nur mit Kraftfahrzeugen benutzt werden darf, deren durch die Bauart bestimmte Höchstgeschwindigkeit mehr als 60 km/h beträgt.

Mit dem Fahrrad werden Sie ansonsten aber in Münster gut zurechtkommen. Es gibt ein umfangreiches und attraktives Radwegangebot. Die Idee, ein Paar Joggingschuhe einzupacken, ist sicherlich richtig.

Ich wünsche Ihnen einen schönen und abwechslungsreichen Aufenthalt in Münster.

Mit freundlichen Grüßen
Im Auftrag

Bolze

Firma
Procter & Gamble

1061 Wien

POstfach 280

8.1.1996

Betr.: "REI in der Tube"

Sehr geehrte Damen und Herren !

Zunächst möchte ich Ihnen einmal meine Zufriedenheit mit dem überaus nützlichen Waschmittel "REI in der Tube" ausdrücken. Es hat meiner Frau und mir schon viele hilfreiche Dienste auf Reisen (insbesondere Flugreisen) erwiesen.

Den symbolhaften Darstellungen auf der Tube entnehme ich, daß Sie"REI in der Tube" für Reisen per Flugzeug, Schiff, Bahn und Auto vorschlagen.

Nun zu meinem eigentlichen Anliegen: Für die letzten 2 Aprilwochen dieses Jahres haben wir eine Reise nach Frankreich (Loireschlösser) geplant. Erstmals wird das Verkehrsmittel ein Autobus sein. Ich bitte Sie daher höflich um Mitteilung, ob Sie mir - trotz nicht vorhandenem entsprechendem Symbol auf der Tube - die Verwendung von "REI" auch auf dieser Reise empfehlen.

Im voraus besten Dank für Ihre freundlichen Bemühungen.

Mit besten Grüßen

Dr. Reinhold [illegible]

**Procter&GambleAustria Ges.m.b.H.**
*Mariahilfer Straße 77 – 79, Postfach 280 und Postfach 168, 1061 Wien*

Herrn
Dr. Reinhold Schaffrath

XXXXXXXXX
XXXXXXXXXXXXX

Wien, 11. Jänner 1996

Sehr geehrter Herr Doktor!

Wir danken für Ihren Brief und freuen uns sehr, daß Sie und Ihre Gattin mit unserem Waschmittel *REI in der Tube* so zufrieden sind.

Die vier Symbole auf der Packung sind einige wenige Beispiele für die vielfältigen Anwendungsmöglichkeiten des Produktes. Wir empfehlen *REI in der Tube* grundsätzlich für alle Situationen, in welchen ein möglichst handlich und praktisch verpacktes Mittel für die Handwäsche benötigt wird, also natürlich auch für Autobusreisen.

Wir wünschen Ihnen und Ihrer Gattin, daß die Reise zu den Loireschlössern im April ein schönes Erlebnis wird, und möchten mit einer Tube *Rei* einen kleinen Beitrag dazu leisten.

Wir hoffen, Sie weiterhin zu unseren zufriedenen Kunden zählen zu dürfen, und verbleiben

mit freundlichen Grüßen,

R. Ulrich
Romana Ulrich
Konsumentenberatung

Anlage:
1 Tube *Rei*

An die
Creditanstalt
Schottengasse 6-8

1010 Wien

Werbeabteilung

16. 5. 1995

Betr.: Falschgeld

Sehr geehrte Herren!

Am 12.5.1995 entdeckte ich in der Tageszeitung "Die Presse" eine Tausend Schilling-Banknote. Etwas voreilig, ohne erst einmal den Grund der merkwürdigen Geldintegrierung in eine Zeitung zu registrieren, griff ich rasch zur Schere, schnitt die Banknote aus und steckte sie in meine Brieftasche.

Am 15.5. wollte ich in einem Wiener Reisebüro diese Banknote zur Anzahlung einer Reise verwenden, zumal sie den Aufdruck "URLAUBS-ZUSCHUSS" trägt. Wie groß war aber mein Erstaunen, als man die Annahme der Banknote verweigerte, und zwar mit dem Hinweis, diese sei nicht echt und ich im übrigen froh sein könnte, wenn man ausnahmsweise von einer Anzeige wegen Falschgeldverbreitung absähe.

Ich würde mich freuen, wenn Sie mir beiliegende (wertlose) Banknote in eine echte Tausend Schilling-Banknote umtauschten und den Betrag überwiesen. Damit hätte ich quasi ein kleines Schmerzensgeld zur Überwindung meines durch die peinliche Situation im Reisebüro erlittenen Schocks.

Mit freundlichen Grüßen
Dr. Reinhold Sinnpratt

Beilage: Eine falsche Tausend Schilling-Banknote

P.S. Aufgrund meines völlig anders gelagerten Berufes fühle ich mich bei der Unterscheidung von falsche von echtem Geld überfordert.

1000
TAUSEND
SCHILLING
URLAUBS-ZUSCHUSS
GRAFIK
PAINTBOX
TECHNIK
1000
1000

**CREDITANSTALT**
Die Bank zum Erfolg

Creditanstalt-Bankverein
**Kommunikation**

1010 Wien, Dr. Karl Lueger Ring 10
531 31/1150, Fax: 531 31/1280
Bankleitzahl: 11000
Unser Zeichen: se Ihr Zeichen:
Datum: 24.05.95

Herrn
Dr. Reinhold Schaffrath
XXXXXXXXXXXX
XXXXXXXXXXX

Sehr geehrter Herr Dr. Schaffrath!

Wir freuen uns sehr, daß Sie sich die Mühe gemacht haben, die S 1000 Banknote aus der Tageszeitung auszuschneiden. Wie Sie ja deutlich erkannt haben, wurde die Banknote sowohl vom optischen Erscheinungsbild wie auch von der Größe her so verändert, daß es keinerlei Verwechslungsmöglichkeiten geben kann. Diesbezüglich habe es auch bisher keinerlei Verwechslungen mit echten Banknoten gegeben.

Wie Sie aus den Bedingungen entnehmen können, zahlt die CA S 1000 Urlaubszuschuß, wenn Sie bei uns ein Gehaltskonto eröffnen und mindestens 2 Gehälter darauf eingehen. Nur in diesem Falle haben wir es vorgesehen, S 1000 zu bezahlen.

Wir hoffen, mit dieser Aktion Ihre Aufmerksamkeit auf das interessante Kontoangebot der CA gelenkt zu haben und warten auf Ihre Entscheidung.

Mit freundlichen Grüßen

Creditanstalt-Bankverein
Kommunikation

Dkfm.Buchacher Mag. Rüdiger

# V. „Bezugnehmend auf Ihre Note vom 12. 9. 1996 teilt die Bundespolizeidirektion Innsbruck mit . . .“

Briefe an Ministerien, Ämter, Behörden

12. September 1996

An die
Polizeidirektion

A-6020 Innsbruck

Betr.: Bezeichnung meines Wohnortes

Sehr geehrte Herren!

Neulich geriet ich in der Nähe von Innsbruck in eine Verkehrskontrolle. Nachdem der kontrollierende Beamte festgestellt hatte, daß an meinem Fahrzeug alles in Ordnung ist und ich mich den Vorschriften entsprechend verhalten hatte, stellte er noch kurz vor meiner Weiterfahrt - offensichtlich, um zu erfahren, wo ich wohne - die Frage: "Wohnhaft?".

Ich erlaube mir die höfliche Bemerkung, daß ich mein Wohnen durchaus nicht als *Haft* empfinde, zumal wir uns in unserem schönen Haus mit hübschem Garten in angenehmer Umgebung sehr wohlfühlen.

Ich möchte betonen, daß mir die ansonsten höfliche Art des Beamten gefallen hat, schlage aber vor, zur Erlangung besagter Auskunft die Frage "Wo wohnen Sie?" zu stellen.

Über eine gelegentliche Stellungnahme würde ich mich freuen.

Mit freundlichen Grüßen

Dr. Reinhold Schaffrath

**BUNDESPOLIZEIDIREKTION**
**INNSBRUCK**

Kaiserjägerstraße 8, 6021 Innsbruck

An Herrn
Dr. Reinhold SCHAFFRATH
XXXXXXXXXXXXX
XXXXXXXXXXXX

DVR: 0016721
Zahl (Bitte bei Antworten angeben!)
P-7624/114/96

| Sachbearbeiter | Telefon: 0 51 2/5900 Dw.<br>Telefax: 0 51 2/5900-5339 | Datum |
|---|---|---|
| OKmsr Mag. Meisinger | 3102 | 16.9.1996 |

Betr.: Ihre Note - 12.9.1996;

Sehr geehrter Herr Dr. Schaffrath !

Bezugnehmend auf Ihre Note vom 12.9.1996 teilt die Bundespolizeidirektion Innsbruck mit, daß laut DUDEN - Rechtschreibung der deutschen Sprache - der Begriff "wohnhaft" in der Amtssprache für "wohnen" in Verwendung ist. Da der Beamte laut Ihren Angaben mit Ihnen eine Amtshandlung geführt hat, geht die Bundespolizeidirektion Innsbruck davon aus, daß kein Fehlverhalten eines Organes der Sicherheitsexekutive für evident erscheint.

Ergänzend darf festgehalten werden, daß auf Grund der von Ihnen gemachten Angaben es nicht möglich war, den Vorgang einem bestimmten Beamten zuzuordnen, bzw. darüber eine Aussage zu treffen, ob die dargestellte Amtshandlung überhaupt von Organen der BPD-Innsbruck geführt wurde.

In der Hoffnung Ihnen mit dieser Antwort gedient zu haben, verbleibt,

Mit freundlichen Grüßen
Der Polizeidirektor
(HR Mag. STATTMANN)

10. März 2003

An die
Volkshochschule Hietzing
Hofwiesengasse 48
1130 Wien

Sehr geehrte Damen und Herren,

während einer Verkehrskontrolle in der Nähe von Innsbruck wurde ich gefragt: "Wohnhaft?" - Als ich daraufhin die Polizeidirektion Innsbruck von diesem Vorfall unterrichtete und vorschlug, statt "Wohnhaft?" die Frage "Wo wohnen Sie?" zu stellen, wurde ich dahingehend belehrt, daß "wohnhaft" Amtssprache und eine Verkehrskontrolle eine Amtshandlung sei...

Aus dem gegebenen Anlaß bitte ich Sie höflich um Mitteilung, ob Sie auch Kurse in Amtssprache anbieten. Ich könnte mir vorstellen, dass mir die Beherrschung der korrekten Amtssprache den Umgang mit Ämtern und Exekutivbeamten fallweise erleichtern würde.

Für eine baldige Beantwortung meiner Anfrage danke ich Ihnen im Voraus.

Mit freundlichen Grüßen

Dr. Reinhold Schaffrath

volkshochschule hietzing
Hofwiesengasse 48
A-1130 Wien
T 43/1/804 55 24-0
F 43/1/804 97 29
http://www.vhs-hietzing.at
e-mail: office@vhs-hietzing.at
DVR 0680690
Bank Austria 645 087 800

Herrn
Dr. Reinhold Schaffrath
XXXXXXX
XXXXXXXXXXX

Wien, 28. März 2003

**Amtssprache in der Volkshochschule Hietzing**

Sehr geehrter Herr Dr. Schaffrath,

wir danken Ihnen für den Vorschlag, einen Kurs für Amtssprache abzuhalten.

Wir haben Ihre Idee sehr gut gefunden und sofort nach einem geeigneten Kursleiter gesucht. Ein „ganzer Kurs" ist es nicht geworden, aber wir hoffen auf regen Zuspruch für unseren Vortrag im Herbstsemester:

**Hochwohlgeborenes Gaswerk**
Eine Einführung in die österreichische Amtssprache
*Kursleiter: Ministerialrat Willibald Berenda*
Di, 4. Nov. 18:30

Wir freuen uns auf Ihr Kommen!

Mit freundlichen Grüßen

Dr. Robert Streibel
Direktor

An das
Bundesministerium
für Inneres
Herrengasse 7

1010 Wien

Abt. III / 12

27. 4. 1995

Betr.: Anfrage zum Reisepaß

Sehr geehrte Herren !

Seit einiger Zeit reise ich nicht mehr gerne ins Ausland, da ich oft das Gefühl nicht los werde, daß mich Grenzbeamte bestimmter Staaten beim Kontrollieren meines Reisepasses argwöhnisch betrachten, obwohl ich von eher unauffälliger äußerer Erscheinung bin. Nun glaube ich den Grund zu wissen: Es geht um die Stempelmarke, die auf Seite 4 meines Reisepasses klebt, stellt diese doch quasi einen Beleg über einen Teil der von mir bezahlten Kosten meines Reisepasses dar.

Dieser demonstrative Hinweis auf eine erledigte Bezahlung einer Gebühr könnte meines Erachtens einen Grenzbeamten mißtrauisch machen. Dafür habe ich Verständnis, zumal - psychologisch betrachtet - die Ausdrücklichkeit, mit der auf eine Selbstverständlichkeit hingewiesen wird, eher abschwächende, zur Skepsis führende Wirkung zeigt. Ich hefte mir ja z.B. auch keine Zahlungsbestätigung sichtbar an ein Kleidungsstück, das ich trage, um darauf hinzuweisen, daß ich dieses nicht gestohlen habe.

Ich bitte Sie daher um Mitteilung, ob ich die Stempelmarke aus meinem Reisepaß entfernen darf, zumal ich diesen schon seit über 6 Jahren besitze und ich Zahlungbestätigungen im allgemeinen maximal 5 Jahre aufzuheben pflege.

Im Falle einer positiven Beantwortung meiner Anfrage könnte ich dann wieder unbeschwerten Reisefreuden entgegensehen.

Für eine wohlwollende Prüfung meines Anliegens danke ich Ihnen im voraus.

Mit freundlichen Grüßen

Dr. Reinhold Schaffrath

**REPUBLIK ÖSTERREICH**
BUNDESMINISTERIUM FÜR INNERES
1014 WIEN, Postfach 100

Sachbearbeiterin:
ARat Hala
Tel. 53126-4657 Dw.

Bei Beantwortung bitte angeben
Zahl: 9 567 587/2-III/12/95
DVR: 0000051

Herrn

Dr. Reinhold SCHAFFRATH
XXXXXXXXXXXX
XXXXXXXXXXX

Unter Bezugnahme auf Ihr Schreiben vom 27.4.1995, betreffend die Entfernung der auf Seite 4 in Ihrem Reisepaß aufscheinenden Bundesstempelmarke, welche von der Bezirkshauptmannschaft XXX im Zuge der szt. erfolgten Paßausstellung eingeklebt wurde, wird mitgeteilt, daß eine derartig eigenmächtige Entfernung dieser Bundesstempelmarke nicht statthaft ist, weil diese die Ausfertigungsgebühr nach dem Gebührengesetz darstellt und die szt. von Ihnen beantragte Paßausstellung bedingte.

Der von Ihnen angestellte Vergleich mit einem Beleg über einen Teil der von Ihnen bezahlten Kosten, ist daher nicht opportun.

Sollten Sie dennoch die Entfernung der gegenständlichen Bundesstempelmarke aus Ihrem Reisepaß vornehmen, stellt dies eine strafbare Handlung dar (Verfälschung einer Urkunde) und müßten Sie mit einer strafrechtlichen Verfolgung und Entziehung Ihres Reisedokumentes durch die Paßbehörde I. Instanz rechnen.

Wurde die in Rede stehende Bundesstempelmarke jedoch beschädigt, daß dies allenfalls der Anlaß der von Ihnen geschilderten Probleme an der Grenze sein könnte, wird empfohlen, sich mit der paßausstellenden Behörde zwecks allfälliger Neuausstellung eines Reisepasses in Verbindung zu setzen.

Wien, am 15. Mai 1995
Für den Bundesminister:
Dr. Kautsky

F.d.R.d.A.

An das
Bundesministerium für
öffentliche Wirtschaft
und Verkehr

Radetzkystr. 2
<u>1031 Wien</u>

20. 10. 1995

Sektion I / 7

**Betr.:** Erlaubte Höchstgeschwindigkeit von Kraftfahrzeugen

Sehr geehrte Herren !

Am 15.10. dieses Jahres fuhr ich in einem Taxi durch ein Grazer Stadtgebiet, in dem es eine Geschwindigkeitsbeschränkung von 30 km/h gibt. Durch den Taxifahrer, den ich fragte, warum er dennoch ca. 60 km/h schnwll führe, erfuhr ich folgendes: 30 km/h bei einer Person im Auto - 60 km/h bei 2 Personen im Auto.

Erst später machte ich mir Gedanken über diese verkehrsrechtliche Information. Ich erlaube mir die Feststellung, daß mir der Zusammenhang zwischen der Anzahl der ~~sich~~ in einem Kraftfahrzeug befindlichen Personen und der erlaubten Höchstgeschwindigkeit problematisch erscheint. Ein Auto mit 5 Personen z.B. dürfte demnach schon relativ schnell durch eine derartige "30-km - Zone" fahren, ganz zu schweigen von einem vollbeladenen Autobus ...

Falls die Beurteilung besagter gesetzlicher Bestimmungen durch den Taxifahrer richtig ist (man könnte davon ausgehen, zumal der Fahrer aufgrund der routinemäßigen Umsicht, mit der er sein Fahrzeug zu lenken wußte, sehr erfahren wirkte), ersuche ich Sie im Interesse der allgemeinen Verkehrssicherheit, raschest eine Gesetzeskorrektur zu veranlassen.

Für eine baldige Stellungnahme danke ich Ihnen im voraus.

Mit vorzüglicher Hochachtung

Dr. Reinhold Schaffrath

Bundesministerium für
öffentliche Wirtschaft und Verkehr
Sektion I
1030 Wien, Radetzkystraße 2

Sektion I

Zl.160.790/5-I/6-95

Herrn

Dr.Reinhold Schaffrath

XXXXXXXXXXXXX

XXXXXXXXXXX

Zu Ihrer Anfrage vom 20.10.1995 betreffend Höchstgeschwindigkeit fehlt

1 x Bundesstempelmarke(n) á S 120,--

0 x Bundesstempelmarke(n) á S  60,--

0 x Bundesstempelmarke(n) á S  30,--

Bitte diese <u>ehestens</u> an das ho. Bundesministerium unter Anführung der Geschäftszahl (wie oben) einzusenden.

Wien, am 7. November 1995

Für den Bundesminister:

i.A. Fachoberinspektor

Dornmayer

Für die Richtigkeit

der Ausfertigung:

REPUBLIK ÖSTERREICH
Bundesministerium für öffentliche
Wirtschaft und Verkehr

A-1031 Wien, Radetzkystraße 2
Teletex (232)3221155 bmowv
Telex 61 3221155 bmowv
~~Telex 132 481 stvka (Straßenverkehr)~~
Telefax (0222) 713 03 26
Telefax (0222) 711 62/XXXX (Verkehrspolitik) 1299
DVR: 0090204

Zl. 160.790/5-I/6/95

Herrn
Dr. Reinhold Schaffrath
XXXXXXXXX
XXXXXXXXX

Sachbearbeiter: Mag. Högler
Tel.: (0222) 711 62 DW 1607

Betrifft: Erlaubte Höchstgeschwindigkeit von Kraftfahrzeugen

In Beantwortung des Schreibens vom 20. Oktober 1995 teilt das Bundesministerium für öffentliche Wirtschaft und Verkehr mit, daß die jeweils vorgeschriebene Fahrgeschwindigkeit unabhängig von der Anzahl der mit dem Fahrzeug beförderten Personen gültig ist.

Wien, am 3. November 1995
Für den Bundesminister:
i.A. Mag. Högler

Für die Richtigkeit
der Ausfertigung:

An die
Polizeidirektion St. Pölten
Linzer Str. 47
3100 St. Pölten

3. 7. 1995

<u>Betr.:</u> Geschwindigkeitsmessung mittels „Laserpistole“

Sehr geehrte Herren !

Vor ca. fünf Wochen hielt ich mich mit meinem PKW in St. Pölten auf. Bei meiner Rückfahrt, noch auf St. Pöltner Stadtgebiet, beobachtete ich am Straßenrand (der Name der Straße ist mir leider nicht mehr gegenwärtig) zwei Polizisten, von denen einer offensichtlich mit einer sogenannten Laserpistole nach mir zielte.

Ich bin überzeugt, daß die bei mir wenige Tage später aufgetretenen Veränderungen der Hautpigmentierung im Gesichts- und Halsbereich im besagten Laserbeschuß ihre Ursache haben. Selbst wenn die Ungefährlichkeit der von Ihnen eingesetzten Laserstrahlen wissenschaftlich nachgewiesen sein sollte, kann m.E. eine psychisch bedingte Auslösung körperlicher Traumen nicht ausgeschlossen werden. Ihnen wird bekannt sein, daß z.B. auch Placebos – also Medikamente ohne Wirkstoff – durchaus psychisch-suggestiv bedingte Wirkungen haben können.

Schon die Bezeichnung „Laserpistole“ schafft Assoziationen mit einer bedrohlichen gefährlichen Waffe. Warum sprechen Sie nicht ganz einfach von einem „Geschwindigkeitsmeßgerät“?

Wer garantiert, daß ich oder ein anderer Autofahrer, um den potenziell psychisch und körperlich schädlichen Laserstrahlen auszuweichen, nicht angesichts einer „Laserpistole“ das Fahrzeug ruckartig in die nicht vorgesehene Richtung lenkt und so einen folgenschweren Unfall verursacht?

Ich bitte um Stellungnahme.

Mit vorzüglicher Hochachtung

Dr. Reinhold Schaffpatl

Linzer Straße 47, 3100 St. Pölten

Herrn
Dr. Reinhold SCHAFFRATH
XXXXXXXXXXXXX
XXXXXXXXXXX

DVR: 0003018
Zahl (Bitte bei Antworten angeben!) | Sachbearbeiter | Telefon: 0 27 42/803 Dw303
Telefax: 0 27 42/803239 | Datum

SW 3328 | Hptm BÄUCHLER | 24.7.1995

Sehr geehrter Herr Dr. SCHAFFRATH !

Seit einigen Jahren befinden sich Lasermeßgeräte zur Ermittlung der Fahrgeschwindigkeit von Fahrzeugen auf dem Markt. Die Fahrgeschwindigkeit wird hiebei so ermittelt, daß von diesen Geräten ein Laserstrahl ausgesandt und dieser nach dem Auftreffen auf dem Fahrzeug reflektiert wird. Durch einen Computer kann auf Grund der Zeitdifferenz die Fahrgeschwindigkeit errechnet werden. Durch wissenschaftliche Gutachten kann eindeutig dokumentiert werden, daß dieser Laserstrahl als absolut unbedenklich anzusehen ist. Diese Auffassung wird auch durch das österreichische Eichamt vertreten.

Da diese Meßgeräte wie bereits angeführt als unbedenklich anzusehen sind und sich diese hervorragend zum Zwecke der Verkehrsüberwachung eignen, wurden einige hundert Stk. vom Bundesministerium f. Inneres angekauft. Diese Überwachungsinstrumente wurden den einzelnen Behörden mit dem Auftrag diese verstärkt im Verkehrsdienst einzusetzen zugewiesen.

Auch der Bundespolizeidirektion St. Pölten wurden einige dieser Lasergeräte zur Verfügung gestellt und diese werden gem. der Weisung des BMfI zur Verkehrsüberwachung eingesetzt. Auf Grund der Unbedenklichkeit der verwendeten Laserstrahlen kann weiters davon ausgegangen werden, daß kein Fahrzeuglenker, welcher die erforderliche Verkehrszuverlässigkeit besitzt, wegen einer Lasermessung sein Fahrzeug verreißt und somit einen VU verursacht. Hiezu sei noch festgestellt, daß Lasermessungen zumeist aus einer Entfernung von ca. 200 -

300 m vorgenommen werden und der Fahrzeuglenker bei Wahrnehmung des Exekutivorganes bereits längst gemessen wurde.

Die Bezeichnung "Laserpistole" wurde durch die Medien kreiert und in weiterer Folge von der Bevölkerung übernommen. Im eigenen Bereich wird ausschließlich von Lasermeßgeräten gesprochen.

Der Zentralinspektor i.A.:

Franz BÄUCHLER, Hptm

4. 8. 1995

An die
Bezirkshauptmannschaft Mödling
Bahnstr. 2
2340 Mödling

Betr.: Sprengung auf privatem Grundstück

Sehr geehrte Damen und Herren !

Meine Schwiegereltern besitzen in der Nähe von Mödling ein kleines Haus mit hübschem Garten als Zweitwohnsitz, wo sie sich besonders gerne in den Sommermonaten aufhalten.

Aufgrund der regelmäßigen Besuche bei meinen Schwiegereltern konnte ich mich überzeugen, daß das Verhältnis zur Nachbarschaft an und für sich sehr gut ist. Leider ist jedoch zu befürchten, daß in nächster Zeit ein Wermutstropfen das gute Einvernehmen trüben wird:

Natürlich habe ich Verständnis dafür, daß der Nachbar meiner Schwiegereltern sich nicht mehr so recht an seinem durch die lang anhaltende Hitze unansehnlich gewordenen Rasen erfreuen kann.

Überrascht hat mich jedoch bei meinem letzten Besuch eine Aussage des Nachbarn, aus der hervorgeht, daß er offensichtlich eine Änderung seines Gartenzustands mit radikalster Maßnahme plant. Er sagte nämlich, daß er in den nächsten Tagen seinen Rasen sprengen werde.

Diese Ankündigung beunruhigt mich in höchstem Maße, zumal die Grundstücksgrenze nur ein 80 cm hoher Maschendrahtzaun bildet. Es ist also zu befürchten, daß im Zuge der Sprengung des nachbarlichen Rasens durch Herüberfliegen von größeren Gesteinsbrocken und Erdmassen das Haus meiner Schwiegereltern beträchtlichen Schaden nimmt.

Ich bitte höflich um Mitteilung, ob das Vorhaben des Nachbarn - selbst bei Beachtung aller möglichen Sicherheitsmaßnahmen - im Rahmen gesetzlicher Bestimmungen liegt.

Für Ihre Bemühungen danke ich Ihnen im voraus.

Mit freundlichen Grüßen

Dr. Reinhold Schaffrath

**BEZIRKSHAUPTMANNSCHAFT MÖDLING**
2340 Mödling - Bahnstraße 2
Parteienverkehr Dienstag 07.30 bis 12.00 und 16.00 bis 19.00 Uhr
Freitag 07.30 bis 12.00 Uhr

BH Mödling, 2340

**Telefax: 02236/208/250**

Herrn
Dr.Reinhold Schaffrath
XXXXXXXXXXXX
XXXXXXXXXXXXX

Beilagen

11-A/95

Bei Antwort bitte Kennzeichen angeben

| Bezug | Bearbeiter | 02236/208 | Datum |
|---|---|---|---|
| | Mag. Janak | DW 280 | 08.08.1995 |

Betrifft
Sprengung auf privatem Grundstück, Anfrage vom 4.8.1995

Sehr geehrter Dr.Schaffrath!

Die Bezirkshauptmannschaft Mödling teilt Ihnen zur Ihrer Anfrage vom 4.8.1995 mit, daß sowohl der Besitz als auch die Verwendung von Sprengmitteln einer behördlichen Bewilligung bedarf.

Hinsichtlich des von Ihnen geschilderten Sachverhalts und der Aussage des "Nachbarn" dürften Ihre Befürchtungen wohl auf einem Mißverständnis beruhen.

Mit freundlichen Grüßen
Für den Bezirkshauptmann

(Mag. Janak)

6. 11. 1995

An die
Verwaltung
des Zentralfriedhofes
Simmeringer Hauptstraße 243
1110 Wien

Sehr geehrte Damen und Herren!

In einem Artikel über Wiener Friedhöfe las ich vor kurzem in einer österreichischen Tageszeitung, daß (so wörtlich) „Grabverlängerungen“ rechtzeitig zu beantragen seien.

Wenn ich den Artikel richtig verstanden habe, besteht also in Wien die Möglichkeit, Gräber verlängern zu lassen. Abgesehen davon, daß ich in der Verlängerung eines bereits belegten Grabes, das sich somit in der Größe als ausreichend erwiesen hat, keinen Sinn sehe, könnte ich mir vorstellen, daß besagte Maßnahme auch gleichsam einer architektonischen Friedhofsumgestaltung gleichkommt, worüber nicht alle Besucher erfreut sein werden.

Ferner bitte ich zu bedenken, daß die in die ehemals geraden Wege hineinragenden verlängerten Gräber für betagte schwachsichtige Friedhofsbesucher Stolpergefahren darstellen.

Ich bitte um Stellungnahme.

Mit freundlichen Grüßen

Dr. Reinhold Schaffrath

# MAGISTRAT DER STADT WIEN

MA 43, Werdertorgasse 6, 1010 Wien

Herrn
Dr. Reinhold Schaffrath

XXXXXXXXX
XXXXXXXXXXXXX

MA 43 – STÄDTISCHE FRIEDHÖFE
Werdertorgasse 6, 1010 Wien
Telefon 534 69...
Telefax 534 69 - 99 - 97319

| Bezug (Geschäftszahl, Schreiben vom) | Sachbearbeiter/in | ☎ Nebenstelle | Stock/Zimmer |
| --- | --- | --- | --- |
| | Tichacek<br>Oberamtsrat | 97341 | 1/14 |

Geschäftszahl, Betreff

MA 43 - 6037/95
"Grabverlängerungen"

Datum

Wien, 10. November 1995

Sehr geehrter Herr Doktor!

Die Magistratsabteilung 43 - Städt. Friedhöfe bezieht sich auf Ihre Eingabe und bedauert Ihnen dazu mitteilen zu müssen, daß Sie leider den von Ihnen zur Kenntnis genommenen, der Abteilung nicht bekannten Zeitungsartikel sichtlich mißverstanden haben.

Die in diesem Zeitungsartikel angeführten "Grabrechtsverlängerungen" beziehen sich nicht um die h.a. Zustimmung zur Veränderung der Ausmaße der Grabstellen, sondern um die Verlängerung der Benützungsrechte an Gräbern.

MAGISTRATSABTEILUNG 43
WIEN

Hochachtungsvoll
Der Abteilungsleiter:

Dipl.Ing. Johannides
Senatsrat

22. 7. 1993

An das
Gemeindeamt
Maria Lanzendorf
Hauptstr. 14

2326 Maria Lanzendorf

Betr.: Fabriksverkauf

Auf meinen Fahrten zum Flughafen und zurück beobachte ich seit einigen Wochen auf der linken Straßenseite kurz nach Maria Lanzendorf in Richtung Achau ein großes Hinweisschild mit der Aufschrift "Fabriksverkauf".

Ich bitte Sie höflich - wenn möglich - , mir Näheres über dieses Objekt mitzuteilen, vor allem, wer der Verkäufer dieser Fabrik ist.

Für Ihre freundlichen Bemühungen danke ich Ihnen im voraus.

Zu Ihrer Information möchte ich Ihnen noch mitteilen, daß ich kein Immobilienmakler bin und rein privates Interesse am eventuellen Kauf einer Fabrik habe.

Mit freundlichen Grüßen

Dr. Reinhold Schlaffrach

# GEMEINDE MARIA LANZENDORF

**Bezirk Wien-Umgebung**
**2326 Maria Lanzendorf, Hauptstraße 14, Tel.Nr.02235/2204, Fax 2861**

Amtsstunden: Mo.- Fr. v. 8 - 12 und Mi. v. 15 - 19 Uhr DVR:0059421
Sprechstunden des Bürgermeisters: Mo.u.Fr. 9 - 11, u.Mi. 17-19 Uhr

Herrn
Dr. Reinhold SCHAFFRATH
XXXXXXXXXXXXX
XXXXXXXXXXX

| Bezug: | Bearbeiter: | Kennzeichen: | Datum: |
|---|---|---|---|
| | Gerstberger | 010/1993 | 30. Juli 1993 |

Betreff: Fabriksverkauf

Sehr geehrter Herr Dr. Schaffrath,

bezugnehmend auf Ihr Schreiben vom 22.7.1993 müssen wir Ihnen leider mitteilen, daß es sich bei dem von Ihnen gesehenen Schild "Fabriksverkauf" um die etwas unglücklich gewählte Werbung einer Kleiderfabrik handelt, die von diesem Objekt aus Bekleidung "ab Fabrik" verkauft.

Mit freundlichen Grüßen
Franz Gölles

Bürgermeister

GEMEINDE MA. LANZENDORF
Bezirk WIEN-Umg.

Dr. Reinhold Schaffrath
XXXXXXXXXXX
XXXXXXXXXXX

An das
Bundesministerium
für Landesverteidigung
Bundesamtsgebäude 3
Dampfschiffstr. 2

1030 Wien

26. 6. 1995

In einer Schweizer Tageszeitung habe ich gelesen, daß demnächst im Zuge einer Umgestaltung eines Schweizer heeresgeschichtlichen Museums historische – jedoch angeblich noch funktionstüchtige – Kriegsgeräte aus dem 1. Weltkrieg veräußert werden.

Im Angedenken an meinen Großvater, der 1915 in einer Schlacht an der Marne (Frankreich) sein Leben ließ, erwäge ich nun den Erwerb einer französischen 15,5cm-Feldhaubitze sowie deren Aufstellung in unserem Garten. Meine Frau, die mein Vorhaben anfangs skeptisch beurteilte, meinte schließlich, man könnte das Geschütz hübsch mit Efeu und Kletterrosen überwuchern lassen.

Ich bitte um Mitteilung, ob die Realisierung meines Vorhabens im Rahmen gesetzlicher Bestimmungen liegt oder ob die Vorlage einer Waffenbesitzkarte Bedingung wäre, die, wie mir bekannt ist, zum Erwerb einer Faustfeuerwaffe berechtigt, wäre ja das Abfeuern einer Feldhaubitze durchaus mittels Hand- bzw. Fausteinsatz durchführbar. Selbstverständlich beabsichtige ich nicht, entsprechende Munition zu lagern.

Zu Ihrer Information möchte ich Ihnen noch mitteilen, daß ich mich als Theater- und Kunsthistoriker ansonsten keineswegs für Waffen – welcher Art auch immer – interessiere, sondern mich in meiner Freizeit lediglich ein wenig der Schriftstellerei widme.

Ich bitte höflich um gelegentliche Stellungnahme und danke im voraus für Ihre Mühe.

Mit vorzüglicher Hochachtung

Dr. Reinhold Schaffrath

Bundesministerium für Landesverteidigung
1010 Wien, Franz-Josefs-Kai 7-9 POSTSTELLE Tel.Nr. 51595/2533 I

Herrn
Dr. Reinhold SCHAFFRATH
XXXXXXXXXXXXX
XXXXXXXXXXX

Zahl (Bitte bei Antworten angeben!) Sachbearbeiter ☎ Nebenstelle Datum 14.7.1995

# Ladung

**Zutreffendes ist angekreuzt ☒!**

Sehr geehrte Frau!
Sehr geehrter Herr!

Wir haben folgende Angelegenheit, an der Sie beteiligt sind, zu bearbeiten: Ihren Antrag v. 26.6.1995 auf Erteilung einer Ausnahmebewilligung zum Erwerb und Besitz von Kriegsmaterial

☐ Wir ersuchen Sie, hiezu persönlich in unser Amt zu kommen.

☐ Wir ersuchen Sie, hiezu in unser Amt zu kommen oder einen Vertreter zu entsenden. Dieser muß mit der Sachlage vertraut, voll handlungsfähig und bevollmächtigt sein. Auf der Vollmacht ist eine Bundesstempelmarke von Schilling anzubringen. Ist der Vertreter ein Rechtsanwalt oder Notar, ersetzt die Berufung auf die Bevollmächtigung deren urkundlichen Nachweis.
Von einer Vollmacht können wir allerdings absehen, wenn Sie durch Familienmitglieder (Haushaltsangehörige, Angestellte oder Funktionäre von Organisationen), die uns bekannt sind, vertreten werden und kein Zweifel an deren Vertretungsbefugnis besteht.
Es steht Ihnen auch frei, gemeinsam mit Ihrem Vertreter zu kommen.

Datum Zeit Stiege/Stock/Zimmer Nr.

Wenn Sie aus wichtigen Gründen – zB Krankheit, Gebrechlichkeit oder Urlaubsreise – nicht kommen können, teilen Sie uns dies sofort mit, damit wir allenfalls den Termin verschieben können.

Bitte bringen Sie **diese Ladung** und folgende Unterlagen mit:

GZ.: 10.301/43-1.6/95

Bitte übersenden Sie auf dem Postwege, Bundesstempelmarken im Werte von ÖS.- 120,-- bis 31.7.1995 an das BMLV, 1010 Wien, Franz - Josefs Kai 7-9 / E i n l a u f s t e l l e

Mit freundlichen Grüßen

Republik Österreich
Bundesministerium für Landesverteidigung
14

An das
Bundesministerium für
Landesverteidigung
Franz-Josefs-Kai 7-9

1010 Wien

Einlaufstelle

18. 7. 1995

Betr.: Ansuchen auf Erteilung einer Ausnahmebewilligung zum Erwerb und Besitz von Kriegsmaterial

Sehr geehrte Herren !

Dankend bestätige ich den Eingang Ihres Schreibens vom 14. 7. 1995 und sende Ihnen beiliegend wunschgemäß in Ergänzung meines Schreibens vom 26. 6. 1995 zu dessen Weiterbearbeitung eine Bundesstempelmarke im Wert von ÖS 120,-.

Für Ihre Bemühungen danke ich Ihnen im voraus.

Mit freundlichen Grüßen

Dr. Reinhold Schaffrath

Anlage: Bundesstempelmarke

**REPUBLIK ÖSTERREICH**
BUNDESMINISTERIUM FÜR INNERES
GENERALDIREKTION
FÜR DIE ÖFFENTLICHE SICHERHEIT
1014 WIEN, Postfach 100

Bei Beantwortung bitte angeben
Zahl:
DVR: 0000051 13.020/353-II/13/95

Ausnahmebewilligung zum Erwerb
und Besitz einer Feldhaubitze
Kal. 15,5 cm.

Herrn

Dr. Reinhold SCHAFFRATH

XXXXXXXXXXXXX
XXXXXXXXXXXXX

Unter Bezugnahme auf Ihren an das Bundesministerium für Landesverteidigung gerichteten Antrag vom 26.6.1995, werden Sie ersucht dem Bundesministerium für Inneres folgende persönliche Daten bekanntzugeben:

1. Geburtsdatum
2. Geburtsort
3. Vor- und Zunamen Ihrer Eltern.

21. Juli 1995
Für den Bundesminister:
Dr. SCHNABL

Für die Richtigkeit
der Ausfertigung:
Karner

REPUBLIK ÖSTERREICH
BUNDESMINISTERIUM
FÜR LANDESVERTEIDIGUNG

GZ 10.301/90-1.6/95

⊠ 1030 WIEN
Dampfschiffstraße 2
Sachbearbeiter:
Dr. BERLAKOVICH
☎ 313 95 DW 374
Fax Nr.: 313 95 389

**Herrn**
**Dr. Reinhold SCHAFFRATH**
**XXXXXXXXXXXXXX**
**XXXXXXXXXXXXXXX**

Betreff:
SCHAFFRATH, Dr., Reinhold, XXXXXXXXXXXXXXXXXXXXXXXXX
Antrag auf Erteilung einer Ausnahmebewilligung zum Erwerb und Besitz von Kriegsmaterial;

Sehr geehrter Herr Dr. SCHAFFRATH!

Zu Ihrem Antrag vom 26. Juni 1995 auf Erteilung einer Ausnahmebewilligung zum Erwerb und Besitz einer 15,5cm französischen Feldhaubitze wird Ihnen das Ergebnis der Beweisaufnahme wie folgt mitgeteilt:

Gemäß § 1 Abschnitt I Z 3 lit.a der Verordnung der Bundesregierung betreffend Kriegsmaterial vom 22. November 1977, BGBl. Nr. 624, fällt die 15,5cm französische Feldhaubitze unter den Begriff des Kriegsmaterials. Daher ist für den Erwerb und Besitz des in Rede stehenden Kriegsmaterials eine Ausnahmebewilligung nach § 28a Abs. 2 des Waffengesetzes 1986, BGBl. Nr. 443, erforderlich.

Gemäß § 28a Abs. 1 leg.cit. sind der Erwerb, der Besitz und das Führen von Kriegsmaterial verboten. Nach Abs. 2 dieser Bestimmung können auf Antrag von den Verboten des Abs. 1 Ausnahmebewilligungen erteilt werden. Ausnahmebewilligungen dürfen nur erteilt werden, wenn der Antragssteller verläßlich ist und das 21. Lebensjahr vollendet hat. Sie sind zu versagen, wenn gegen ihre Erteilung militärische, sicherheitspolizeiliche oder andere diesen vergleichbare gewichtige Bedenken bestehen.

Da Sie das 21. Lebensjahr vollendet haben und im Sinne des Waffengesetzes als verläßlich anzusehen sind und weder militärische, sicherheitspolizeiliche oder andere diesen vergleichbare gewichtige Bedenken einer Erteilung einer Ausnahmebewilligung entgegenstehen, ist bei der Erteilung einer Ausnahmebewilligung zum Erwerb, Besitz und Führen des in Rede stehenden Kriegsmaterials § 7 des Waffengesetzes 1986, der auf Grund der Bestimmung des § 28 b leg.cit für Kriegsmaterial sinngemäß gilt, heranzuziehen. Auf Grund dieser Bestimmung sind private Rechte und Interessen insoweit zu berücksichtigen, als dies ohne unverhältnismäßige Beeinträchtigung des öffentlichen Interesses, das an der Abwehr der mit dem Gebrauch von Waffen (Kriegsmaterial) verbundenen Gefahren besteht, möglich ist.

Es ist daher Ihrem Interesse am Erwerb und Besitz des in Rede stehenden Kriegsmaterials, das Sie im wesentlichen damit begründen, diese Feldhaubitze erwerben und als Andenken an Ihren Großvater in Ihrem Garten aufstellen zu wollen, das öffentliche Interesse, das an der Abwehr der mit dem Gebrauch von Kriegsmaterial verbundenen Gefahren besteht, gegenüberzustellen.

Die Abwägung dieser Interessen stellt sich aus der Sicht des Bundesministeriums für Inneres - mit dem im gegenständlichen Verfahren gemäß § 28 a Abs. 5 des Waffengesetzes 1986 das Einvernehmen herzustellen ist - wie folgt dar:

Allein der Erwerb und Besitz von so gefährlichen Schußwaffen wie der französischen 15,5cm Feldhaubitze durch Privatpersonen stellt generell eine Sicherheitsgefährdung dar, da damit gerechnet werden muß, daß sie unter Umständen (nicht notwendigerweise durch Sie selbst) gegen Sicherheitsorgane eingesetzt werden, die ihrerseits im Normalfall nicht mit solchen leistungsstarken Waffen ausgerüstet sind.

Eine waffenmäßige Überlegenheit von Privatpersonen gegenüber den für die Aufrechterhaltung der öffentlichen Ruhe, Ordnung und Sicherheit und damit für den Schutz des Staatsbürgers verantwortlichen Sicherheitsorganen muß aber strikte abgelehnt werden. Würde man daher eine stark verbreitete Überlassung dieses Kriegsmaterials an Privatpersonen zulassen, so würde dies unter Umständen zu höchst unerwünschten Verhältnissen auf dem Gebiet der öffentlichen Sicherheit führen. Eine Häufung von Unfällen, Mißbräuchen und Straftaten und sonstige Unzukömmlichkeiten wären zwangsläufig die Folge.

Das Bundesministerium für Landesverteidigung schließt sich der Interessensabwägung des Bundesministeriums für Inneres an.

Das öffentliche Interesse an der Abwehr der oben dargestellten Gefahren überwiegt Ihr Interesse, die in Rede stehende Feldhaubitze als Erinnerungsstück an Ihren Großvater erwerben und in Ihrem Garten aufstellen zu wollen, sodaß keine Ausnahmebewilligung erteilt werden kann, umso mehr, als Sie keine weiteren Gründe angegeben haben, die geeignet wären, die oben dargestellten Gefahren in den Hintergrund treten zu lassen.

Es ist daher beabsichtigt, Ihren Antrag vom 26. Juni 1995 auf Erteilung einer Ausnahmebewilligung zum Erwerb und Besitz einer französischen Feldhaubitze, Kal. 15,5cm, abzuweisen.

Sie haben jedoch Gelegenheit, innerhalb von 2 Wochen nach Zustellung dieser Verständigung zum vorliegenden Ergebnis dieser Beweisaufnahme Stellung zu nehmen.

Mit vorzüglicher Hochachtung

24. Jänner 1996
Für den Bundesminister:
NIEDERREITER

Für die Richtigkeit
der Ausfertigung:

## Kleine Philosophie der Passionen

Zum Selberlesen und Verschenken – für alle, die bereits einer Leidenschaft erlegen sind oder ihre wahre Passion noch suchen

Peter Kunzmann
**Angeln**
ISBN 3-423-**20685**-3

Frank Lämmel
**Autofahren**
ISBN 3-423-**20164**-9

Heiner Geißler
**Bergsteigen**
ISBN 3-423-**20039**-1

Klaus Walther
**Bücher sammeln**
ISBN 3-423-**34142**-4

Gabriele von Arnim
**Essen**
ISBN 3-423-**20215**-7

Binnie Kirshenbaum
**Flohmärkte**
ISBN 3-423-**20610**-1

Barbara Bronnen
**Friedhöfe**
ISBN 3-423-**20096**-0

Johannes Dräxler, Harald Braun
**Fußball**
ISBN 3-423-**20162**-2

Peter Würth
**Gärtnern**
ISBN 3-423-**20036**-7

C. Bernd Sucher
**Gäste**
ISBN 3-423-**20097**-9

Stefan Maiwald
**Golf**
ISBN 3-423-**20711**-6

**Schmuckausgabe**
ISBN 3-423-**20712**-4

Bernd Schroeder
**Handwerken**
ISBN 3-423-**20267**-X

Elfriede Hammerl
**Hunde**
ISBN 3-423-**20037**-5

Florian Felix Weyh
**Internet**
ISBN 3-423-**20454**-0

Renate Just
**Katzen**
ISBN 3-423-**20095**-2

Willi Winkler
**Kino**
ISBN 3-423-**20486**-9

Ulrich Pramann
**Laufen**
ISBN 3-423-**34184**-X

## Kleine Philosophie der Passionen

Zum Selberlesen und Verschenken – für alle, die bereits einer Leidenschaft erlegen sind oder ihre wahre Passion noch suchen

Burkhard Spinnen
**Modelleisenbahn**
ISBN 3-423-**20217**-3

Moritz Holfelder
**Motorrad fahren**
ISBN 3-423-**20363**-3

Franz Binder
**Oper**
ISBN 3-423-**34148**-3

Stephan Lebert, Harry Nutt
**Pferderennen**
ISBN 3-423-**20418**-4

Hans Helmut Hillrichs
**Pilze sammeln**
ISBN 3-423-**20365**-X

Roswin Finkenzeller
**Schach**
ISBN 3-423-**20218**-1

Sky Nonhoff
**Schallplatten**
ISBN 3-423-**20417**-6

Rainer Moritz
**Schlager**
ISBN 3-423-**20362**-5

Sylvia Bieker
Christine Ellinghaus
**Schuhe**
ISBN 3-423-**20320**-X

Karl Forster
**Segeln**
ISBN 3-423-**20038**-3

Christian Weber
**Ski fahren**
ISBN 3-423-**20579**-2

Christian Ude
**Stadtradeln**
ISBN 3-423-**20364**-1

Franz Josef Görtz
**Telefonieren**
ISBN 3-423-**20319**-6

Dieter Hildebrandt
**Tennis**
ISBN 3-423-**20264**-5

Margaret Minker
**Umziehen, umräumen, umbauen**
ISBN 3-423-**20099**-5

Arnulf Conradi
**Vögel**
ISBN 3-423-**20098**-7

Thomas Karlauf
**Wein**
ISBN 3-423-**20216**-5

# Pu der Bär im dtv

A. A. Milne
**Pu der Bär**
Gesamtausgabe
Übers. v. H. Rowohlt

ISBN 3-423-70451-9

Die beiden Klassiker ›Pu der Bär‹ und ›Pu baut ein Haus‹ mit den berühmten Illustrationen von E. H. Shepard in der Übersetzung von Harry Rowohlt.

**»Eine deutsche Ausgabe, die Komposition, Stimmung und Zauber der Vorlage kongenial wiedergibt.«**
*Die Zeit*

A. A. Milne
**Ich und Du, der Bär heißt Pu**
Übers. v. C. Schuenke

ISBN 3-423-62078-1

John Tyerman Williams
**Die Prophezeiungen des Pudradamus**
Der esoterische Bär und die Weltmysterien
Übers. v. U. Wasel und K. Timmermann

ISBN 3-423-20358-7

Ob Astrologie, Druidentum oder Deutung des Tarot: Der Bär von enormem Verstand ist Meister in jedem Bereich.

Benjamin Hoff
**Pu der Bär, Ferkel und die Tugend des Nichtstuns**
Der weise Bär auf den Spuren des Lao-tse
Übers. v. U. Wasel und K. Timmermann

ISBN 3-423-20271-8

Völlige Harmonie mit dem Fluss des Lebens ist oberstes Ziel der Philosophie des Taoismus. Und wer könnte das besser nachvollziehen und erklären als Pu, ein Meister des Nichtstuns?

Ethan Mordden
**Fit mit Pu**
Des starken Bären natürlicher Weg zu Schönheit und Kraft
Übers. v. U. Wasel und K. Timmermann

ISBN 3-423-20207-6

Das Fitnessprogramm des berühmtesten aller Bären, der uns jenseits aller ausgetretenen Trimm-dich-Pfade führt: Windgehen, Vom-Baum-Fallen, Ungestüm-Sein und andere hochwirksame Übungen.